U0122345

明室
Lucida

照 亮 阅 读 的 人

Sur les cimes du désespoir

E. M. Cioran

［法］E.M.齐奥朗————著　　唐江——译

在绝望之巅

北京联合出版公司
Beijing United Publishing Co.,Ltd.

图书在版编目（CIP）数据

　　在绝望之巅 / （法）E.M. 齐奥朗著；唐江译 . -- 北
京：北京联合出版公司，2022.5（2024.5 重印）
　　ISBN 978-7-5596-6050-3

　　Ⅰ . ①在… Ⅱ . ① E… ②唐… Ⅲ . ①哲学思想－法国
－现代－文集 Ⅳ . ① B565.59-53

　　中国版本图书馆 CIP 数据核字（2022）第 042028 号

Sur les cimes du désespoir by Emil Cioran
Copyright © Éditions de l'Herne, 1990
Simplified Chinese edition copyright
© 2022 Shanghai Lucidabooks Co., Ltd.
All rights reserved

北京市版权局著作权合同登记号 图字：01-2022-1404 号

在绝望之巅

作　　者：［法］E.M. 齐奥朗
译　　者：唐江
出 品 人：赵红仕
策划机构：明　室
策划编辑：赵　磊
特约编辑：孙皖豫
责任编辑：徐　樟
装帧设计：吴伟光、陈威伸 wscgraphic.com

北京联合出版公司出版
（北京市西城区德外大街 83 号楼 9 层　100088）
北京联合天畅文化传播公司发行
北京市十月印刷有限公司印刷　新华书店经销
字数 92 千字　787 毫米 ×1092 毫米　1/32　7.5 印张
2022 年 5 月第 1 版　2024 年 5 月第 15 次印刷
ISBN 978-7-5596-6050-3
定价：49.80 元

英译序

想象齐奥朗

对作者展开想象，是所有阅读体验的一部分。更甚于普通读者的是，对译者而言，作者，或者那个名为作者的假想形象，是一份私人的痴迷。就像雅各与神秘的存在彻夜摔跤一般，译者也在与作者默默地争斗，直到作者向他道声祝福或者放他离开。就像雅各一样，译者也想了解自己的对手，想跟他见上一面，同时又被作者的面孔、名声、力量、风格所困扰。所以我和齐奥朗争斗了好长一段时间，我把他想象成一个从他的文字中召唤出来的精灵，就像从女巫的魔药中冒出来的精灵一样：长着狮子的脑袋，有着查拉图斯特拉的声音，在《圣经》的先知和西方花花公子之间轮流变换着戏剧性的姿态。最重要的是，我觉得他年轻和早熟得可怕，对痛苦有着不可思议的亲和力，对自我折磨有着恶魔般的倾向，就像一名充满阴郁和残酷活力的恐怖儿童，危险地玩弄着哲学，玩弄着有毒和致命的思想。

但我的齐奥朗有着历史的维度，还可以从不甚久远的过去还原过来。他是两次世界大战之间，罗马尼亚政局混乱时期的年轻知识分子。他与荒诞派剧作家、法兰西学院成员欧仁·尤内斯库（Eugene Ionesco）以及哲学家和宗教史学家米尔恰·伊利亚德（Mircea Eliade）一道，参与了罗马尼亚 20 世纪 30 年代的文化复兴。他属于罗马尼亚"年轻的一代"——它的"愤怒的青年"，用马泰·卡林内斯库（Matei Calinescu）的话来说，他们代表了"一代人，他们的信念是青年人要胜过老年人——青年人等同于精神狂热、真实性、创造性、理想主义，而老年人象征着常规、惰性、政治腐败和气量狭小的唯利是图"。正如卡林内斯库所指出的,《在绝望之巅》首次出版的 1934 年,是罗马尼亚 20 世纪 30 年代文化复兴的高潮之一。伊利亚德出版了五本书,其中有一本宗教人类学研究著作,包含了《熔炉与坩埚》(*The Forge and the Crucible,* 1962)的主要思想,而尤内斯库出版了他唯一一本罗马尼亚语的重要著作,一卷名为《不》(*Nu,* 1934)的解构主义文学批评。

虽然比伊利亚德和尤内斯库年轻,但齐奥朗也同样有趣。他强烈的个性让他在年轻时就充当了虚构角色的原型。例如,卡林内斯库在米哈伊尔·塞巴斯蒂安(Mihail Sebastian)1934 年的小说《两千年之久》(*For Two Thousand Years*)中,辨认出书中角色斯特凡·帕尔莱亚(这个名字寓意着大火)正是年轻的齐奥朗早期的形象。此人在书中撰写了一篇题为《邀请野蛮人尽快入侵》的文章。这个人物体现了"罗马尼亚年轻一代知识分子的末世虚无感"。

很难将我虚构出来的齐奥朗与他的历史渊源协调一致。在《在绝望之巅》中发出强烈谴责基督教的声音，以及撰写惊人文章《逃离十字架》（"The Flight from the Cross"）的人，与齐奥朗在现实生活中是罗马尼亚东正教牧师之子这一形象产生了冲突。他生在特兰西瓦尼亚的勒希纳里山村，此地在罗马尼亚不仅以风光秀美闻名，还是其他几位国家级文化名人的故居和安息之所，如诗人奥克塔维安·戈加（Octavian Goga）和开明的东正教主教兼特兰西瓦尼亚学者安德烈·沙古纳（Andrei Şaguna）。我在十来岁的时候，曾行经齐奥朗的村子。田园诗般的村庄里有凹凸不平的石板路，还有古老的农舍，就像一个跨越了时空的地方，一处迷人的神话般的所在。一种神秘的丰饶萦绕着它，迷人、厚重、明亮，就像我在花园和果园里度过的寂静夏日午后的金色光芒。现在我知道，我在去墓地瞻仰沙古纳主教墓的路上，路过了齐奥朗的家。那是我在不知情的情况下，首次与他相遇，而在过去几年里，他一直是令我痴迷的虚构形象，我在用语言进行的争斗中，就像雅各抓着天使一样，紧抓着他不放。

我不是雅各，齐奥朗也并非天使，除非是魔鬼阵营里的一名狡猾的天使。但自打我知道他的存在以来，一直很难把他抓住，更无法将他按倒在地。20世纪六七十年代，我还是罗马尼亚的一名学生，那时他就是近乎神话般的神秘存在。人们听说过他这个人，却看不到他的作品。他的法语书籍既没有原版出售也没有翻译出版；他的罗马尼亚语书籍消失得无影无踪，是最稀有的珍本。尽管他在战争爆发和共产党接管之前10年就离开了自己的祖国，但他就像最不可言说、最不能指名道姓的非人存在一般，销声匿迹。我在70年代后期来到美国时，发现他在精英知识分子圈子里非常有名，但他还是像从前一样神秘，让人难以捉摸。他的罗马尼亚语书籍依然十分罕见，只能从特殊藏品中找到。

本书是齐奥朗第一本从其母语迻译过来的英文译本。我终于抓住了他，至少是在翻译的空间里——而翻译又是寿命最为短暂的艺术——将他按倒在地，让其他人得以看到和阅读。诚然，他的作品有一种特殊的滋味，对众人来说，过于尖锐和苦涩，而且矛盾的是，对另一些人来说，又过于抒情和滑稽。不过，萨特一直有众多英语读者追随。在我看来，齐奥朗是比萨特或任何一位战后法国存在主义者更为出色的纯粹作家。他的文风犀利敏锐，一些法国评论家将他与保罗·瓦莱里（Paul Valéry）相提并论——这是对语言纯洁性的至高赞誉。但其存在主义式的绝望那令人震惊而又振奋的神韵——还有良好的幽默感——让他的哲理散文可以与尼采和克尔凯郭尔相媲美。

在尝试想象我心目中的齐奥朗时，我在脑海里不断回放着很久以前，我第一次与他的无形存在擦肩而过的那一天。我不知道该怎么把我心目中"末世虚无"式的齐奥朗与我至今仍然记忆犹新的那些细节联系在一起：山间的空气闪烁着金色、绿色和蓝色的色调，在偏远村庄令人昏昏欲睡的夏日里，有种滞重而欢愉的麻木感，村子里唯一活动的迹象就是草叶上懒惰的蜜蜂发出的嗡鸣。我差点邂逅的究竟是齐奥朗，还是他早已撇下的一个幽灵？过去 25 年里，在罗马尼亚，这个幽灵的名字只在窃窃私语中才会出现？在齐奥朗本人的作品里，我不但没有找到释疑解惑的答案，反而找到了对我这一感受——他和那个地方互不相容——的确认。在《存在的诱惑》（*The Temptation to Exist*, 1956）中，他这样写他的出身：

> 存在的悖论……（罗马尼亚人）就像人们必须知道该如何利用的洪流……我痛恨我的人民、我的国家，它那些永远都沉迷于自身麻木、几乎充满愚钝的农民，让我为自己身为他们的后代而脸红……既无法将他们推开，也无法激发

他们的活力，我发展到梦想着大灭绝的地步。

去年夏天，我怀着较为轻松的心情，第一次去拜访他。他也回忆起，他的第一本虚无主义著作《在绝望之巅》在他遥远的故乡激起丑闻这一诙谐的家庭逸事——证实了他和他的出身之间互不相容。他父亲是一名牧师，母亲是基督教妇女联盟的负责人，他们始终保持低调，一连数周躲在家中，早早关灯睡觉，渡过了那场风波。

阅读齐奥朗全部作品的读者，很容易陷入创造和消解作者虚构形象的游戏之中，因为在现实生活中，齐奥朗有着双重生活、双重身份、双重作者的声音。1937年，他获得了学生奖学金，离开罗马尼亚前往巴黎，此后再也没有回去。从此，他只用法语写作。正如前文所说，除了在知识界，齐奥朗在罗马尼亚鲜为人知，这让他的名字一直在地下流传。尽管自从1949年，他的第一本法语著作《解体概要》（*Précis de décomposition*）出版时起，他在西方的名气就稳步提升，但罗马尼亚二十多年的共产主义文化政策抹去了他在祖国留下的所有痕迹，他在那里也出版过几部作品。近年的罗马尼亚革命让齐奥朗的复兴有了可能，齐奥朗本人对此喜忧参半。他为人谦逊，不摆架子。虽然赢得了"战斗文学奖"，并被誉为"自保罗·瓦莱里去世后，为我们的语言增光添彩的最伟大的法语作家"〔圣－琼·佩斯（St. John Perse）语〕和"克尔凯郭尔、尼采和维特根斯坦这一传统中最杰出的人物"〔苏珊·桑塔格（Susan Sontag）语〕，但齐奥朗对出名采取回避态度。他认为名声是一种模棱两可的祝福，因而更喜欢以不为人知作为自由的保障。不过他最看重的自由，似乎也只是在卢森堡花园中不受打扰地散步。

齐奥朗在 20 世纪 30 年代用罗马尼亚语写就的作品，与此后数十年间问世的法语作品不同，但不无关联。人们对他的法语作品更为熟悉。通过阅读齐奥朗年轻时的罗马尼亚语作品，我们可以发现——正如他的另一位译者所说——"他保留了什么，舍弃了什么，他年轻时充当的那个老人，以及他接触法语之后成为的那个新人"。齐奥朗作品的主题是现代和后现代西方文明的主题：绝望与衰败、荒谬与异化、存在的徒劳与非理性、对完全清醒和自我意识的需要，以及作为痛苦的意识。《在绝望之巅》是齐奥朗第一部正式出版的作品，预示了他此后的哲理随笔的主要主题，作为这位现代哲学作家的思想源泉，意义重大。

　　使用法语的齐奥朗，如同尚福尔（Chamfort）萃取出的尼采之精华、"在道德家学校驯化了的约伯"，是一名优雅而擅长讽刺的文体家。他用道德格言遏制了年轻时炽热的抒情风格，因为他知道"道德家的首要职责是祛除掉他散文中的诗意"[《恶之造物主》（Le mauvais demiurge），第 135 页]。相反，我的齐奥朗在 1934 年写《在绝望之巅》

时才 22 岁，还像当初那个凭借"他的查拉图斯特拉、他的姿态、他那神秘的小丑把戏以及绝顶人物组成的整个马戏团"［《苦涩三段论》（*Syllogismes de l'amertume*），第 44 页］而神完气足的尼采一样。他表现出来的歇斯底里，对失败、绝望和清醒之苦的坦陈，也会让人想起陀思妥耶夫斯基笔下的地下室住客。从中可以看出，齐奥朗是一个来自东欧边缘地带的年轻叛逆者，心怀恶意地从他的巴尔干地洞中喷吐着火焰和硫黄，一个预言世界将要毁灭的预言家、一名"爆发式的情人"、绝望的理论家、不驯顺的约伯，有些像他生前出版的最后一本罗马尼亚语著作《眼泪与圣徒》（*Tears and Saints*）中描绘的那个"约伯，（是）宇宙的哀歌和哭泣的柳树……自然和灵魂未愈合的伤口……一颗人心，上帝未愈合的伤口"。

作者也存在于现实生活之中，这让虚构作者面貌的游戏变得更为复杂。在塑造我的齐奥朗时，我也盼望着见到现实生活中的齐奥朗，因为就像雅各一样，我也希望能得到他的祝福，还因为我觉得，只有见过他的血肉之躯，对他的虚构才算完整。我知道，现实生活中80岁高龄的齐奥朗，会跟我想象中的年轻作家大为不同，但我期待着这两种形象的冲突。我认为这才是必然和圆满，才会与齐奥朗作品中促狭地促成的所有矛盾协调一致。每当我想象自己心目中的齐奥朗时，我都希望现实生活中的齐奥朗，虽然年近八旬，但他会是一个年轻的老者。我并未感到失望。

在那间不算大的巴黎公寓里——公寓由左岸一栋老楼的阁楼富有想象力地草草改建而成，直到最近才通电梯——他从摞得很高的书堆里走出来，领我穿过一条狭窄的过道。过道的天花板很低，地板高低不平。我们来到一间令人意外的阳光房，阳台上是一片宜人的花园。齐奥朗看上去弱不禁风，但在他告诉我，他宁愿忽略大楼里新装的电梯时，或者当他步履轻快地走出来，带我到他最喜欢的卢森堡花园散步时，我发现那只是引人误解的表象。当他说话时，他那双清澈的绿眼睛在浓密的眉毛下闪烁着，那穿透力极强的目光把我定在了椅子上，而他的下巴则带着年轻的决绝向前扬起。这个老人奇迹般地变成了我所了解的那个青年，我的那个齐奥朗。但迷人的矛盾仍然存在，因为这个青年说起话来像个老人。当我问他在写什么时，他回答说再也不写了，因为："我不想再诽谤这个宇宙了；我已经做得够多了，你不这么认为吗？"是的，这似乎是"新的"齐奥朗，宣称自己已经搁笔，已经用尽了诽谤之词，与我那位年轻的齐奥朗截然不同——他的第一本书充满了亵渎。但聆听着他那幽默而活泼的话语——出自"阴郁的警句作家"的另一重矛盾——我不禁想到，也许我所面对的并非现实生活中的齐奥朗，而是另一种虚构，一个新角色，而且他很快会让我们再度感到惊讶，因为他是营造戏剧效果的大师，被意大利作家彼得罗·奇塔蒂（Pietro Citati）

描述为"坦率而邪恶"，被西班牙哲学家费尔南多·萨瓦特（Fernando Savater）描述为"最后一个花花公子"。

如果说，虚构作者的形象是任何阅读体验的一部分、一种想象力的实践，其重要性因书而异，那么就《在绝望之巅》来说，它不啻是阅读中的核心问题。作者故意通过修辞技巧和戏剧姿态，创造出一个虚构的自我，以拯救他真实的自我。这本书是在危机时刻写就的，当时，他处于无助而绝望的失眠状态。这本书既是自杀的代替品，也充当了疗愈的方法。书名直接暗示了当时那个年代，罗马尼亚报纸上刊登的自杀讣告，那些讣告总以相同的格式开头："在绝望之巅，年轻的某某人结束了他的生命……"这个听起来相当浮夸的短语——"在绝望之巅"——就这样被公认为所有自杀行为的一种通用的理由。齐奥朗讽刺地套用陈词滥调，将自己塑造成我称之为"年轻的野蛮人"或《启示录》中"兽"的角色——他脸上沾着血和泪痕，悬吊在存在主义"恶心"的深渊上，从他那颗半东方巴尔干人的心脏中，发出反叛和绝望的野蛮呐喊。通过将自己塑造成这个角色，齐奥朗在隐喻的层面完成了自杀。同时，通过他虚构的角色，释放出了他心中汹涌澎湃、过剩的抒情能量，设法从死亡的召唤中存活下来："恐怖的死亡体验和对死亡的执念，假如留存在意识当中，就会导致毁灭。假如你把死亡宣之于口，那你就拯救了一部分的自我。但与此同时，在你真实的自我当中，某些东西也会随之消逝，因为意义一旦客观呈现出来，就会失去它们在意识中葆有的那份真切。"

　　为了摆脱执念而写作的冲动一直激励着齐奥朗的工作。正如他最近接受萨瓦特采访时所说："写作对我来说，是一种治疗方式，仅此而已。"正如狂飙突进时期，年轻的歌德为了平安渡过个人危机，杜撰出自杀身亡的维特这个人物一样，齐奥朗也从痛苦的自我中创造出一个角色。但不同的是，对歌德来说，维特是他一个人的魔鬼，他得以"顺利地驱魔，以至根本没有受苦"，这只是职业生涯中的一次意外，如此"平静"，没有什么"崇高或肮脏的秘密"，以至"令人沮丧"。齐奥朗承认自己"对歌德毫无感觉"（《苦涩三段论》，第 22 页），认为自己的命运与《在绝望之巅》中首次诞生的痛苦之人有着纠缠难解的联系：

> 我讨厌聪明人，因为他们懒惰、懦弱、谨慎……饱受无穷焦虑折磨的人，则要复杂得多。智者的生活是空虚而贫瘠的，因为它没有矛盾和绝望。充满不可调和的矛盾的存在，则要丰富和饶有创意得多。

《在绝望之巅》如同一首浪漫主义的危机散文诗，它的主题是处于自身、上帝和宇宙的钳制之下的自我。只要看一下章节标题，就能对这个自我的执念、偏好和狂躁一目了然:"对荒谬的激情""失眠的祝福""疲惫与痛苦""发疯的先兆""论死亡""一切都无关紧要""全然不满""对苦难的垄断""不再是人""人,失眠的动物""因工作而堕落""逃离十字架""绝对的真情流露""胡言乱语"。

《在绝望之巅》虽然并非诗集,但却是一部抒情色彩浓郁的作品,一首"自我之歌",其中的忏悔情绪变成了哲学沉思,死亡、上帝、无限、时间、永恒、历史、真理、善恶等宏大的哲学话题不再是抽象的,而是获得了有机的现实感,有了活生生的意义:

> 总有一些体验和执迷是人所无法忍受的。对此直认不讳才能得到救赎。……真情流露意味着你不能保持内心的封闭。客观呈现的需要越是强烈,袒露出来的情感就越是刻骨铭心、厚重而强烈。……最深刻的主观体验同时也是最具普世性的,因为人正是经由这些才触及生命的本源。

这首歌的来源，一部分是发自内心的呐喊，一部分是反思性的思考，缘由是作者遭受了一场真正的器质性疾病——失眠，以及由此引发的绝望危机。当齐奥朗写到"痛苦的真情流露是用血肉和神经唱出的歌"时，在这本书和后来的作品中（尽管它们的真情流露更为柔和），他给了我们一个关于他的写作的基本定义：一种将眼泪转变成思想的写作。对齐奥朗来说，写作和哲学是与痛苦有机地联系在一起的。贯穿《在绝望之巅》的一个主题，就是疾病和苦难具有"真情流露的美德"，只有它们才能带来"形而上的启示"。"受苦是为了产生知识"，他后来在《恶之造物主》中这样写道。他的生活和他的作品都是由泪水转化而来的。"他们要求你提供事实、证据、作品，而你能给他们看的，只有转化过来的眼泪。"（《恶之造物主》，第131页）

真情流露的状态是"超脱于制度和习俗之上"的，齐奥朗的写作是怪异而不注重形式的。他书中的章节就像他真情流露的狂热形成的图表，监测着他强烈的内心生活的起伏，忠实地追踪着他"主体性的散发"的过程。它们在长度和语气上都是不均等的。对哲学主题的漫长沉思与简短的抒情爆发交织在一起，重复到痴迷的地步，常常是滑稽和幽默的，尽管通篇存在的情绪是绝望的。在其他时候，尤其是在本书的后半部分，它们越来越倾向于谚语和悖论，这是他后来写作的标志。这本书的风格间或是抒情的、讽刺的、诗意的和矛盾的，拒绝了干巴巴的哲学论证技巧，而采用暗示性的、生动的想象，并以俏皮而扣人心弦的方式，揭示了哲学家思想中理性和灵性的痛苦，预示着齐奥朗后来将优雅的风格和深刻的思想做了别具一格的融合。

这种"怪异"写作自觉地将自己与整个"文明"写作的传统对立起来，并以其对死亡、痛苦和混乱的强调，将自己置于审美领域之外："与僵化的形式和框架遮没了一切的高雅文化相比，真情流露的模式表现得粗鲁不堪。其价值恰恰在于其粗野的品格：它不过是血、真情与火而已。"年轻的野蛮人对僵化文化的高雅之处心怀恐惧，这一主题将在齐奥朗的《存在的诱惑》中对法国人的描绘里再次出现。但齐奥朗哲学的另一个更为基本的方面，在这本书里体现在他承认自己对"绝对真情流露"抱有信仰当中，即他作为这样一个思想家的清醒当中：他发现并无情地揭露了所有哲学体系的空洞。

《在绝望之巅》就像一出由双方演出的戏剧：一方是痛苦的、成问题的人，也就是有机和真情流露的思想者，齐奥朗所说的痛苦的人；另一方是他的死敌，哲学家或圣贤，即抽象人（the abstract man）。这种区别不免令人想起尼采的酒神精神和苏格拉底精神。[1] 因

---

1 尼采认为，苏格拉底式的科学理性乐观态度，以冷静旁观者的理性精神，代替了酒神精神的迷醉和投入，带来了希腊悲剧精神的衰落，和今天人们精神世界的贫乏。——本书脚注均为译者注

此，齐奥朗写道："从为了获得思考乐趣而思考的抽象人的阴影中，浮现出了有机人（the organic man），他因为器官失调而思考，他超越了科学和艺术。"有机或真情流露的思想者是把眼泪变成思想的人，他的思想是执着的。以下是他的自白："我喜欢留有血肉气息的思想，我偏爱从性紧张或神经压抑中产生的观点，胜过空洞的抽象千倍。"在彻底绝望的魔掌中，那种高度清醒的状态是"狂喜的消极等同物"，真情流露的思想者轻蔑地拒绝了抽象人的理性乐观主义：

> 绝望就是这样一种状态：焦虑与不安，如影随形地伴随着存在。绝望中的人不会被"问题"所困扰，而是会遭受内心的痛苦和火的折磨。遗憾的是，在这个世界上，什么都无法解决。但从来没有，也永远不会有任何人会为此自杀。在我们的存在当中，理性的焦虑在所有的焦虑中占了太多的分量！所以我才更

喜欢被内心的火烧灼、被命运折磨的戏剧性生活，胜过沉迷于抽象的理性生活，抽象并不能吸引我们主体性的本质。我鄙视抽象思考里没有危险、疯狂和激情。思想是何等丰盈、活泼、热情！真情实意就像泵入心脏的血液一样，滋养着它！

尼采在《悲剧的诞生》（*The Birth of Tragedy*）中批评了乐观主义或"希腊人的愉悦"，后者与柏拉图的理想典范相一致——"临死前的苏格拉底，是由知识和理性从对死亡的恐惧中解放出来的人"。那些追求这一理想的人终将发现，"逻辑在（科学的）边界上盘绕着，最终咬住了自己的尾巴"，于是，"一种新型的洞察力应运而生，即悲剧性的洞察力"。同样，齐奥朗抨击"那些试图通过矫揉造作的推理来消除死亡恐惧的人……因为通过抽象的构造来消除有机的恐惧，是绝对不可能办到的"。对齐奥朗来说，哲学家试图建立一个体系，这不仅是一种不可能实现的努力，也是一种贫乏的努力，因为人类真正的创造力恰恰源于痛苦、血、泪和死亡之痛。"所有重要的事物都带有死亡的预兆"：

> 难道人们还没认清，肤浅的智力游戏的时代已经结束，痛苦远比三段论来得重要，绝望的哭号要比最微妙的思想更发人深省，泪水总比笑容拥有更深的根源？

本着这种精神——这也是他后来的作品所抱持的态度［《瓦莱里面对他的偶像》（ *Valéry face à ses idoles* ）］——齐奥朗反对那些仅仅将深奥的内容删繁就简、以便表达的哲学体系：

> 那些在灵感的魔力下写作的人，对他们来说，思想是他们有机的神经倾向的表达，他们不关注整体的统一和体系。

那种关注、矛盾和浮于表面的悖论，表明个人生活的贫乏和平淡。只有巨大而危险的矛盾才意味着丰富的精神生活，因为只有它们才能切实成就生命富足的内在流动。

萨瓦特形容齐奥朗的哲学话语是"反面教学法"。它处理了重要的哲学主题，却有意拒绝成为一种信息性和建设性的话语。它不希望在这个主题上产生任何"新"东西，因此放弃了所有独创性方面的伪装。"它从不推荐任何东西，除了可怕的和不可能实现的，甚至在这样做的时候，也只是讽刺性地有意为之。"齐奥朗总是不厌其烦地说，他什么都不相信。他的"破坏性"话语与传统哲学实践背道而驰，坚持不懈地寻求揭露任何哲学体系中固有的矛盾，并津津乐道地培育所有的矛盾，赋予它们同样的价值和同样微小的意义：

一切皆有可能，但一切皆不可能。一切都被允许，但同样，一切皆不允许。无论我们走哪条路，都不比别的路好……凡事都有解释，却又没有解释。一切都既真实又虚幻，既正常又荒谬，既辉煌又平淡。没有什么东西比其他一切更有价值，也没有什么想法比其他任何想法更好……所有的收获都是损失，所有的损失也是收获。为什么总是期望有明确的立场、清晰的观点、有意义的话语？我觉得对所有向我提出或没有提出的问题，我似乎都应该喷出火焰，作为回应。

在《苦涩三段论》里，齐奥朗回忆了一段简短的往事：作为一名年轻而雄心勃勃的哲学学生，他想就一个极为新颖的题目写一篇论文，他选择了"眼泪的一般理论"，这让他的教授大失所望。也许《在绝望之巅》就是为了代替这篇计划中的"眼泪理论"而写就的。它荣获了国王卡洛尔二世文学和艺术基金会的奖项。我那位年轻的齐奥朗是一位不能或不愿抽象和系统地进行哲学思考的哲学家，他经过一场戏剧性的转变——《在绝望之巅》正是对此所做的煞费苦心的记录——成了一名诗人。

作为一名诗人，他还在继续探究着哲理——富有诗意地。

对译本的说明

本译本旨在捕捉齐奥朗罗马尼亚语原著中的抒情、别出心裁的精神，而不是逐字逐句的精确。大致上，这意味着对齐奥朗年轻时的散文进行了删减，主要是那些在英语中听起来过于矫饰或冗长的段落。所有这些删减、修改和修订，要么是由作者进行的，要么得到了作者的首肯，作者还删减了一些理念上有所重复的段落和章节。

伊琳卡·扎里福波尔–约翰斯顿
（Ilinca Zarifopol-Johnston）

1990 年

引用作品

Calinescu,Matei. "Reflections on Mihail Sebastian's *For Two Thousand Years* (1934): Reading, Fiction, History" , Forthcoming in *Salmagundi*, 1992.

Cioran,E.M. *Des larmes et des saints*, trans. Sanda Stolojan, Paris: L'Herne, 1986.

—.*Le mauvais demiurge*, Paris: Gallimard, 1969.

—.*Syllogismes de l'amertume*, Paris: Gallimard, 1952.

—.*La tentation d'exister*, Paris: Gallimard, 1952.

Nietzsche, Friedrich. "The Birth of Tragedy" , In *The Birth of Tragedy and the Case of Wagner*, ed. Walter Kaufmann, New York: Vintage, 1967.

Savater,Fernando. *Ensayo sobre Cioran*, Madrid: Taurus, 1974.

—. "El Ultimo Dandi" , *El Pais*, October 25, 1990.

目 录

论真情流露   001

万物何其杳渺难及！   007

论不想活   009

对荒谬的激情   012

我与世界   019

疲惫与痛苦   022

绝望与怪诞   025

发疯的先兆   028

论死亡   032

忧郁   044

一切都不重要   052

狂喜   055

什么都无法解决的世界   058

矛盾对立与不合逻辑　　061

论悲伤　　063

全然不满　　067

火浴　　069

支离破碎　　071

论肉体的真实　　074

我不知道　　076

论个人与宇宙的孤独　　078

启示录　　080

对苦难的垄断　　082

绝对的真情流露　　088

优雅的意义　　091

怜悯的徒劳无益　　095

永恒与道德　　097

瞬间与永恒　　100

历史与永恒　　103

不再是人　　106

魔法与宿命　　109

难以想象的快乐　　112

苦难的模糊性　　114

一切都是尘埃　　　　116

热情是爱的一种形式　　118

光明与黑暗　　　　　124

放弃　　　　　　　　127

失眠的祝福　　　　　131

论爱的质变　　　　　133

人，失眠的动物　　　135

真理，怎样的字眼！　138

火焰的美　　　　　　140

智慧的匮乏　　　　　141

回归混沌　　　　　　143

讽刺与自嘲　　　　　145

论贫穷　　　　　　　148

逃离十字架　　　　　151

对无限的崇拜　　　　155

对平庸的改观　　　　160

悲伤的负担　　　　　163

因工作而堕落　　　　165

终结的感觉　　　　　168

恶魔般的受苦原则　　171

非直接的动物　　　　　177

不可能存在的真理　　　178

主体性　　　　　　　　179

人　　　　　　　　　　180

爱情简论　　　　　　　181

一切都无关紧要　　　　183

恶之源　　　　　　　　185

美的魔术　　　　　　　187

人的自相矛盾　　　　　189

投降　　　　　　　　　193

面对沉默　　　　　　　195

相似之人和他的技艺　　197

胡言乱语　　　　　　　199

齐奥朗年表　　　　　　201

论真情流露

为什么我们不能保持内心的封闭？为什么我们追求表达和表现，努力传达出我们宝贵的心意或"意义"，拼命尝试着组织一场终究无法掌控的混乱过程？只是臣服于我们内心的流动不居，而无意将它客观呈现，私密而纵情地沉溺于我们内心的骚动和挣扎，难道不是更有创造性？那样我们就会更为强烈地体会到精神体验全然内在的成长。各种各样的真知灼见就会在丰饶的沸腾中融合滋长。一种既真实又有精神内涵的感受，就会像波浪或乐句的涌动一般诞生。被自我所充满，不是因为骄傲自大，而是因为内心富足。被一种内在的无限感所折磨，这意味着活得如此炽烈，以至你觉得自己就要因生命而死。这种感觉是如此罕见而怪异，以至我们在经受它时会放声大叫。我觉得我可能会死于生命，于是我问自己，为此寻求解释是否有意义？当你全部的心灵过往伴着极度的紧张在你心中震颤，当完整存在的感觉将已然埋没的体验重新唤醒，让你失去了正常的节奏，你就会在生命的高峰被死亡迷住，却体会不到通常与之相伴的恐惧。这种感受就像恋人们在幸福的巅峰体验到的那种感受，在他们有转瞬即逝但强烈的死亡预感的时候，或者在背叛的预兆萦绕着他们萌芽的爱情的时候。

很少有人能将这种体验忍受到底。压制需要客观呈现的东西，封锁爆炸性的能量，一向极其危险，因为总有那么一个时刻，人再也遏制不住这股压倒性的力量。然后是过度充实导致的沦陷。总有一些体验和执迷是人所无法忍受的。对此直认不讳才能得到救赎。恐怖的死亡体验，假如留存在意识当中，就会导致毁灭。假如你把死亡宣之于口，那你就拯救了一部分的自我。但与此同时，你真实的自我当中，某些东西也会随之消逝，因为意义一旦客观呈现出来，就会失去它们在意识中葆有的那份真切。这就是为什么真情流露代表着主体性的散发；它从个人无法遏制、需要不断表达的精神沸腾中，散发出一定的数量。真情流露意味着你不能保持内心的封闭。客观呈现的需要越是强烈，袒露出来的情感就越是刻骨铭心、厚重而强烈。痛苦或恋爱的人为什么真情流露？因为这两种状态尽管性质和方向有所不同，但都是出自我们的存在最深邃、最隐秘的部分，出自主体性这一坚实的核心，如同出自辐射地带。当一个人的生命和着最精妙的节律脉动，这种体验强烈到它汇集了这个人个性的全部意义时，他就会变得真情流露。这时，我们的独特之处就会在颇能传情达意的表现中得以体现，这种表现会令个体上升到普世的层面。最深刻的主观体验同时也是最具普世性的，因为人正是经由这些才触及生命的本源。真正深入内心才会获得的普世性，停留在外围的人无从企及。对普遍性的庸俗解释，说它是这样一种现象：只是量的扩张，而非质的包罗万有。这种解释将真情流露视为无足轻重的低级现象、内心反复无常的产物，它没有注意到主体性传情达意的手段所展现出的非凡新意与深度。有些人只在人生的紧要关头才变得真情流露；有些人只在濒死的痛苦挣扎中才变得如此——在他们的全部过往陡然闪现在眼前，给他们带来瀑布般剧烈冲击的时候。

许多人在有了一些至关重要的经历——那时，他们内心的动荡不安终于爆发——之后变得真情流露。这样的人通常倾向于讲求客观、缺乏个性，既不了解自己也不了解现实，一旦他们变成爱情的俘虏，就会体验到使他们的全部心智资源得以真实呈现的情感。恋爱时几乎人人能诗，这一情况表明，抽象思考的资源过于贫乏，远不足以表达他们内心的无限丰沛；内心情感的抒发只有通过流动不居、非理性的素材，才能得到恰如其分的客观呈现。痛苦的体验与此相似。你从未察觉在你体内、在这世间隐藏着什么，你心满意足地生活在事物外围，突然，那些仅次于死亡的痛苦体验攫住了你，将你带往一片无比复杂的领域，你的主体性在那边的巨大旋涡中颠簸不休。经由痛苦变得真情流露，意味着实现内心的净化，这样一来，创伤将不再只是没有深层原因的外在表现，也将开始融入你存在的实质之中。痛苦的真情流露是用血肉和神经唱出的歌。真正的痛苦始于疾病。几乎所有的疾病都有表露性情的品格。只有那些在可耻的麻木中长大的人，才会在生病时依然无动于衷，从而错过疾病带来的性格深化。这样的人若不经受一次彻底的疾病之苦，就不会变得真情流露。偶然发生的真情流露源于外部因素；一旦外部因素消失不见，他们内心的回应也会一道消失。内心若是没有些许癫狂，就不会有真正的真情流露。重要的是，在所有的心理疾病形成之初，都有一个真情流露的标志性阶段，此时，所有常见的藩篱和限制统统不复存在，让位给那种最丰饶、最富创意的内心的陶醉。精神错乱初期诗兴勃发的特点由此得到了解释。因此，疯狂可以视为某种真情流露的突然迸发。有鉴于此，我们应当撰文颂扬真情流露，而不应颂扬愚行。真情流露的状态凌驾于习俗和体制之上。奔涌的液体遽然袭来，将我们内在生命的所有要素一举融化，创造出一种饱满而激烈的节奏，一场完美的交融汇聚。与僵化的形式和框架遮没了一切的高雅文化相比，真情流露的模式表现得粗鲁不堪。其价值恰恰在于其粗野的品格：它不过是血、真情与火而已。

万物何其杳渺难及！

　　我不明白，我们在这个世界上，为什么非要做事，为什么非要有朋友和抱负、希望和梦想。退避到世界偏远的一隅，远离世间的喧嚣纷扰，岂不更好？然后我们可以放弃文化和野心；我们将失去一切而一无所得；从这个世界上又能得到些什么呢？有些人觉得收益无足轻重，他们郁郁寡欢，孤单寂寞，不抱希望。我们彼此之间是何等封闭隔绝！但如果我们彼此完全敞开心扉，看透彼此的灵魂深处，又能将我们的宿命看清几许？我们在生命中如此孤独，以至必须自问：死亡时的孤独是不是我们人类生活的象征。在临终的时刻，还会有什么慰藉吗？想要有人陪伴自己生活和死去，这种意愿标志着巨大的残缺。被人遗弃在某处，孤独地死去，要可取一千倍，这样你就能既无夸张作态，也无他人旁观地死去。我鄙视那些在临终前操控自己，故作姿态，感染他人的人。只有独自流下的泪水才会灼人。那些要求在死亡时有亲朋围绕的人，是出于恐惧和无法单独度过最后时刻的无能。他们想在临死之际忘记死亡。他们缺乏无尽的勇气。他们为什么不锁好房门，以不受任何限制的清醒和恐惧，来承受那些令人疯狂的感觉呢？

我们与万物如此隔膜！但万物不也同样令我们无从企及？最深邃和最根本的死亡，就是在孤独中死去，届时就连光亮也会变成死亡的成分。在这样的时刻，你会与生活、爱情、微笑、朋友，甚至与死亡全然隔绝。你会问自己，除了世界的虚无和你自身的虚无，是否还有别的东西。

论不想活

　　总有一些经历让人无法安然承受，事后会让人觉得一切都不再有任何意义。一旦你抵达了人生的极限，在那些危险的边界上，将自己能够得到的一切都运用到了极致，那么平凡的姿态和平常的志向也就失去了它们动人的魅力。倘若你继续活下去，也不过是借助了你通过写作将事物客观呈现，将自己从无边压力中解救出来的本领。创作是逃离死亡魔爪的短暂救赎。

　　我觉得我必定会爆裂开来，因为生活给我的一切，因为死亡的前景。我觉得我正在死于孤独、爱、绝望、仇恨，还有这个世界给我的一切。每多一次经历，我都会像被吹得超出自身容量的气球一样，再膨胀一些。最恐怖的激发之后，就会炸得什么都不剩。你在内里生长，疯狂扩张，直到边界不复存在，你抵达了光明的边缘，在那儿，光明被夜晚所窃取，然后你在那个充实的境地，就像在凶猛的旋风中一样，被直接丢进虚无之中。生命同时孕育着充实与空虚，活力与消沉。当我们遭遇将我们吞入荒谬的内心旋涡时，我们又是什么？我感到我的生命因为太多的紧张、太多的失调，在体内破碎开来。这就像一场无法遏制的爆炸，将你和其他一切都抛入空中。在生命的边缘，你感到你不再是你内在生命的主人，主观性是一场幻觉，无法控制的力量在你体内沸腾，而这与自己的中心或明确而独特的节奏无关。在生命的边缘，一切都是死亡的诱因。你会因为存在和不存在的一切而死。在这种情况下，每一次经历都是跳向虚无的一跃。当你将生活为你提供的一切，一度运用到了极致，你就走到了再也无法体验到任何东西的阶段，因为再也不剩什么东西了。哪怕你还没有耗尽这些体验的所有可能性，只是把其中最主要的那些经历到极致，也就够了。当你觉得自己快要死于孤独、绝望或爱时，你还没有经历过的一切都会加入这个无穷无尽的悲伤序列。

你无法从这场旋风中幸免于难的感觉，也来自纯粹的内在层面的圆满。生命的火焰在密闭的炉子里燃烧，热量无法从中逃逸。那些生活在外部层面的人，从一开始就得到了拯救；然而当他们并未意识到任何危险时，他们有什么可拯救的地方呢？内在体验的爆发会把人带入绝对危险的领域，因为有意在体验中扎下根基的生命，终究只能否定自己。生命太有限、太零散，无法忍受巨大的紧张。所有神秘主义者在经历过巨大的狂喜之后，不都感到自己无法再活下去了吗？那些在正常边界之外感受过生命、孤独、绝望和死亡的人，还能对这个世界怀抱什么期待呢？

对荒谬的激情

没有理由。已经抵达极限的人，还会在乎理由、起因、结果、道德考量之类的东西吗？当然不会。对这样的人来说，之所以还活着，只有不成其为动机的动机。在绝望之巅，对荒谬的激情是唯一能向混乱投去一束恶魔之光的东西。当所有通行的原因——道德、审美、宗教、社会等——不能再指引人生时，人如何才能在不屈服于虚无的情况下维持生命？只有通过与荒谬的联系，通过对绝对无用之物的热爱，热爱某种没有实际意义，却能模拟生活幻象的东西。

我活着是因为山不笑，虫不唱。对荒谬的激情只能在这样的人的心中滋长：他已经耗尽了一切，却依然能够经受可怕的变化。对已经失去一切的人来说，生命中除了对荒谬的激情，已经一无所有。生活中还有什么能打动这样一个人呢？还有什么诱人的东西？有人说：舍己为人、公共利益、对美的崇拜，等等。我只喜欢那些已经把这些全然摒弃的人——哪怕只有一小段时间。只有他们在以一种确切无疑的方式活着。只有他们才有权利谈论生活。你可以找回爱和安宁。但你要通过勇气来找回它们，而不能通过无知。没有隐藏巨大疯狂的存在是没有价值的。它与一块石头、一块木头或某种朽烂之物的存在有何不同？我来告诉你吧：你必须隐藏起巨大的疯狂，才会想要成为石头、木头或朽烂之物。只有当你遍尝荒谬所有有毒的甜蜜，你才能得到完全的净化，因为只有那时，你才会把否定推向终极的表达。而所有终极的表达不都是荒谬的吗？

有些人注定只能品尝到事物的毒素，对他们来说，任何惊喜都是痛苦的惊喜，任何经历都是一场新的折磨。如果有人对我说，这种痛苦有主观的原因，与个人的特殊性格有关，那我会问：是否有客观的标准来评价痛苦？谁能准确地说，我的邻居比我痛苦，或者耶稣比我们所有人都要痛苦？没有客观的标准，因为痛苦不能根据机体的外部刺激或局部疼痛来衡量，只能通过意识的感受和反映来衡量。唉，从这个角度看，要区分出大小等级是不可能的。每个人都有自己的痛苦，相信它是绝对和无限的。就算我们拿它与迄今为止世间所有的痛苦、最可怕的痛苦和最复杂的折磨、最残酷的死亡，以及最痛苦的背叛、所有麻风病人、所有被活活烧死或饿死的人相比，我们自己的痛苦又能减轻多少？没有人会因为"我们都是凡人"的想法而在自己的痛苦中得到安慰，任何痛苦的人也不会真正从他人的过去或现在的痛苦中找到安慰。因为在这个先天不足和支离破碎的世界里，个人注定要充实地活着，希望自己能成为绝对的存在。每一个主观存在，对它自己来说，都是绝对的。正因如此，每个人都活得好像他是宇宙的中心或历史的中心。所以他的痛苦怎么可能不是绝对的呢？我也没法通过理解他人的痛苦，来减少我自己的痛苦。在这种情况下，进行比较是没有意义的，因为痛苦是一种内在的状态，在这种状态下，任何外在的帮助都没有用。

但独自受苦也有一样巨大的好处。倘若一个人的面孔能充分表达他的痛苦，倘若他心里全部的痛苦都能客观呈现在他的面部表情中，会发生什么呢？我们还能沟通吗？那我们交谈时，不用以手掩面吗？倘若我们内心蕴藏的无限情感，通过我们的面部线条完全表达出来，那么生活就真的不可能维持了。

没有人敢看镜子里的自己，因为他的面部轮廓会混入一副怪诞、悲惨的形象，带有污痕和血迹、无法愈合的伤口、止不住的泪水。假如我能看到一座血的火山，将像火一样红、像绝望一样灼热的东西，喷发到日常生活舒适而肤浅的和谐中，或者假如我能看到我们所有隐藏的伤口绽裂开来，让我们永远喷涌着鲜血，那我将体会到一种快意的敬畏。只有那时，我们才能真正理解和欣赏独自受苦的好处，它把我们的痛苦变得悄无声息、无从触及。从痛苦中提取的毒液，从我们的存在之火山的血腥爆发中喷发出来，足以毒害整个世界。在痛苦之中，有这么多的毒液，这么多的毒素！

真正的孤独是在天地间被绝对孤立的感觉。不应该有任何事情将人们的注意力从这些绝对孤立的现象上转移开，清晰得可怕的直觉，会为我们揭示整场戏的全貌：人以有限的天性，直面世界无限的虚无。独行——对内心生活来说，既极度充实，也极度危险——必须这样进行，即不让任何事物影响孤独者对人独处于世的沉思。独行有利于人深入内心，尤其是在晚上，没有任何常见的诱惑可以窃取人的兴趣。这时，关于世界的启示就会从精神最深处的角落，从脱离生命的地方，从生命的伤口里涌出。要获得灵性，人必须非常孤独。那么多的虽生犹死，那么多的内心冲突！孤独对生命大肆否定，以至精神在致命混乱中的绽放，几乎令人不堪忍受。那些拥有太多精神的人，那些知道精神诞生时会对生命造成深重伤害的人，也正是那些反抗精神奋起的人，这不是意味深长吗？健康、肥胖的人，对精神为何物没有起码的直觉，他们从未遭受过生命的折磨和存在之基础上痛苦的二元对立，正是他们在奋起捍卫精神。那些真正了解精神的人，要么骄傲地容忍它，要么将它视为灾难。没有人能打从心底对精神感到满意，它对生命的戕害是如此深重。没有了魅力、纯真和自发性的生命，还怎么能让人满意？精神的存在表明生命的匮乏、巨大的孤独和长期的痛苦。谁敢奢谈靠精神得到救赎？生命在主观层面创造出一种焦虑，而人借助精神从中逃脱出去，这绝不是真的。相反，更真实的是，人通过精神，实现了失调、焦虑和高尚。你怎能指望那些不知道生命危险的人，会知道精神的危险？为精神辩解是极其无知的表现，正如为生命辩解是极度失调的表现。对正常人来说，生命是毋庸置疑的现实；唯有病人才为生命感到喜悦，对生命加以颂扬，这样他才不会崩溃。那既不能赞美生命，也不能赞美精神的人呢？

我与世界

　　我在，故世界没有意义。一个人悲惨地受苦，对他来说，一切终将是虚无的，他在这个世界上唯一的法则就是痛苦，这有什么意义？假如世界容忍了像我这样的人，那也只能说明，所谓生命的太阳上的污点是那样巨大，这些污点迟早会遮蔽它的光芒。生命的兽性将我踩在脚下，压迫着我，剪断了我全力飞行的羽翼，偷走了我理应享有的所有欢乐。

　　我为成为一个优秀的人所付出的狂热和疯狂的激情，我为未来获得光环所施展的恶魔魅力，还有我为机体的、迷人的、内在的重生所耗费的精力，都被证实，不如这个世界野兽般的残暴和非理性来得强大。这个世界把它贮存的所有消极和毒药都倾注进了我的心里。在高温之下，生命无法存续。所以我得出结论：那些痛苦的人，内心的活动是如此剧烈，达到了爆发的程度，还有那些不能接受正常温度的人，他们注定要沉沦。毁掉那些过着反常生活的人，既是生活妖魔化的一面，同样也是生活贫乏的一面，这也就解释了，为什么生活是平庸之辈的特权。只有平庸之辈才能活在生活的常温之下；而其他人在生命无法承受的高温下被烧灼，在这种温度下，他们几乎无法呼吸，已经一只脚迈入死亡的境地。我无法为这个世界做出任何贡献，因为我只有一种方法：痛苦。你抱怨人们刻薄、记仇、忘恩负义、虚伪？我建议用痛苦的方法来摆脱所有这些缺陷。把它运用到每一代人，它的效果很快便会显现。或许这样一来，我也能对人类有所贡献！

用鞭笞、火烧或针扎，将每个人带到濒临死亡的痛苦之中，经过可怕的折磨，他会经历死亡幻觉带来的巨大净化。然后将他释放，让他惊恐逃窜，直至精疲力竭。我向你保证，这样做的效果远比正常手段成效明显。假如可以，我会让整个世界陷入痛苦，实现生命的彻底净化；我会在生命的根部悄悄点一把火，不是为了将其摧毁，而是要赋予它一种新的、不同的树液，一种新的热量。我给世界点的火不会带来毁灭，只会带来宇宙的变化。这样，生命就会适应更高的温度，不再是有利于平庸的环境。也许在这个梦里，死亡也将不再是生命内在固有的成分。

（这些话写于今天，1933 年 4 月 8 日，我 22 岁的生日。这是个古怪的想法：我已经是死亡问题的专家了。）

疲惫与痛苦

你熟悉那种可怕的融化感，仿佛溶解在流淌的河水中，自我被有机液体化为乌有的感觉吗？你身上一切坚固、结实的东西，都在令人厌倦的流动中融化，只剩你的头颅。我说的是一种精准的痛苦感，而不是模糊和不确定的感觉。就像在幻梦中一样，你觉得自己只剩头颅，没有基础和支撑，也没有身体。这种感觉与身处海滨或忧郁梦幻般的沉思中模糊而快意的疲惫无关，这是一种消耗性和破坏性的疲惫。再也没有努力，没有希望，没有幻想可以满足你。你对自己遭遇的灾难震惊得不知所措，无法思考或行动，陷入寒冷而沉重的黑暗，就像在深深懊悔时一样孤独，你已经抵达了生命负面的极限，它的绝对温度，对生命的最后幻想在此冻结。痛苦真正的意义——不是出于纯粹的激情或无谓的幻想而做出挣扎，而是生命在死亡的魔爪之中绝望地挣扎——在这股极度疲惫的感受中显露出来。人无法将痛苦的想法与疲惫和死亡的想法区分开来。将痛苦当作挣扎？但又是跟谁一起，因为何种缘故？将痛苦解释为一种因自身的徒劳无益而高涨的热情，或者一场以自身为目标的战斗，绝对是错的。事实上，痛苦意味着一场生死之争。既然死亡是生命内在固有的，那么几乎所有的生命都是一场痛苦。我只将在生死之战中有意识地、痛苦地体验到死亡存在的那些戏剧性时刻称为痛苦。当你通过死亡进入虚无，当一股疲惫感无可挽回地将你毁灭并且死亡获胜时，真正的痛苦就会发生。在每一场真正的痛苦中，都伴有死亡的胜利，尽管你有可能在那些疲惫的时刻过后继续活着。

在这场混乱中，没有任何幻想成分。每

一种痛苦都带有确凿无疑的印记。痛苦不是像一场不治之症，间歇性地折磨着我们吗？痛苦的时刻描绘出了生命中死亡的进程，揭示出生死平衡的崩溃在我们意识中引出的戏码。只有在那种将生命降到绝对负值的疲倦感当中，痛苦的时刻才有可能出现。痛苦时刻的发生频率，是解体和毁灭的指标。死亡是一种令人作呕的东西，是唯一不能带来快意的执念。甚至在你想死的时候，你对自己的愿望也会怀有含蓄的遗憾。想死，但我对我想死感到抱歉。这就是那些自我放弃、屈服于虚无的人所体验到的感受。最反常的感受就是死亡的感受。试想一下，有人竟因为对死亡的反常执念而无法入睡！

真希望我对自己、对这个世界一无所知！

绝望与怪诞

在形形色色的怪诞中，我发现根植于绝望的怪诞更不同寻常、更复杂。其他形式的怪诞强度较弱。重要的是要注意，若是没有强烈的感受，怪诞是不可想象的。还有什么强烈感受能比绝望更深邃、更有机？怪诞只会在非常消极的状态下出现，此时生命活力的缺乏会引起巨大的焦虑；怪诞是对消极的提升。

当一个人面部的形状和线条被扭曲成奇形怪状时，当他的眼神随着遥远的光影变化时，他的思想也会经历类似的扭曲变形，在那副野兽般的痛苦怪相里，有一种趋向消极的疯狂投入。真正强烈而无可挽回的绝望，只能用怪诞的表现方式来客观呈现，因为怪诞是对安宁的绝对否定，那种纯净、明晰和清醒的状态，与绝望的混乱和虚无截然不同。你可曾在度过无数不眠之夜之后，对镜自照，体会到那种残酷而惊人的满足感？你可曾经受过失眠的折磨，那时你整夜清点着过去了多少分钟，那时你在这个世界上感到孤独，那时你的戏码似乎是历史上最重要的，而历史不再有意义、不复存在？那时，最可怕的火焰在你心中滋生，在一个只为成就你的痛苦而造就的世界里，你的存在显得独特而孤立。你一定得感受那些时刻——它们就像痛苦一样不计其数、无穷无尽，这样你才能在对镜自照时，看到一副清晰的怪诞形象。那是一副完全紧张的形象，在紧张的怪相上平添了在可怕的黑暗悬崖边上挣扎之人的恶魔般诱人的苍白。这副绝望的怪诞形象，不就像一处险境吗？它就像深不可测的深渊旋涡，有着包容无限的诱惑，就像宿命那样令我们臣服。如果人能投身无限的虚空，就此死去，那该多好！源自绝望的怪诞的复杂性在于，它能表明内在的无限性，能产生最大张力的爆发。这种强烈的痛苦，怎么可能呈现为令人愉悦的弧线和形式上的纯洁？怪诞从本质上否定了古典，以及任何一种风格、和谐和完美。

任何了解形形色色内心戏剧的人都清楚，怪诞隐藏着隐秘的悲剧，将它们间接地表达了出来。见过自己丑怪面容的人，永远都不会忘记，因为他永远都会害怕自己。绝望之后是痛苦的焦虑。如果怪诞不把恐惧和焦虑化为现实，它还会做什么呢？

发疯的先兆

　　我们通常很难理解，我们当中有些人必然会发疯。但是滑向混乱——在那种情况下，清醒的瞬间就像闪电般转瞬即逝——是一种不可阻挡的宿命。绝对真情流露——此时你被生存的彻底迷醉所俘虏——的灵感篇章，只能在神经高度紧张的状态下写出，要想重新恢复平衡，终归只能是幻想。经过这样的努力，人就没法再过正常的生活了。隐秘的存在之泉无法再维持正常的喷涌，内心的藩篱失去了所有的真实性。发疯的先兆只会出现在有过这种重要经历之后。人失去了安全感，失去了对眼前事和具体事的正常感受，就好像自己在飞向高峰，备感眩晕。沉重的负担压迫着大脑，把它压缩成一场错觉，但我们的体验所源自的可怕的生理现实，只能通过这样的感受来揭示。这种压迫会催生出一股无以名状的恐惧，它会将你摔在地上，或掀到空中。始终困扰着人们的，不光有对死亡的令人窒息的恐惧；还有另一种恐惧，很少出现，却像闪电一样强烈，就像突发的身心失调，永远打消了未来得享安宁的希望。

这种奇怪的发疯先兆，不可能精确地定位和定义。发疯真正可怕的地方在于，尽管我们还活着，但我们觉得彻底和无可挽回地失去了生命。我继续吃吃喝喝，但已经丧失了我给自己的生理功能带来的任何意识。这近似一场死亡。在疯狂中，人失去了在宇宙中独树一帜的特定个体特征、个人观点和某种意识取向。在死亡中，人落入虚无，失去一切。所以对死亡的恐惧是持久和必不可少的，但其实没有对疯狂的恐惧那么奇怪，在疯狂中，我们的部分存在创造出一种比对死亡那全然虚无的生理恐惧更为复杂的焦虑。

但疯狂不是逃避生活苦难的出路吗？这个问题只在理论上站得住脚，因为实际上，对痛苦的人来说，问题只是出现在不同的光亮中，或者更确切地说，出现在不同的阴影中。发疯的先兆因为对发疯之后恢复清醒的恐惧、对神智回归的恐惧——此时对于灾难的直觉是那样令人痛苦，几乎引发了更为严重的疯狂——而变得更为复杂。不可能通过发疯得到救赎，因为任何有发疯先兆的人，都无法克服对可能恢复清醒的时刻的恐惧。人只有不害怕混乱里的光，才会对混乱欣然接受。

个人发疯的具体形式是由身心状况所决定的。由于大多数疯子是抑郁症患者，所以抑郁型疯狂难免比愉快的、快活的、狂躁的兴奋更常见。黑色的忧郁在疯子中非常常见，几乎所有疯子都有自杀倾向，而对神智健全的人来说，自杀似乎是很成问题的解决方案。

我愿意在一种情况下发疯，就是说，我愿意成为一个快乐的疯子：生气勃勃，总是心情不错，没有任何烦恼和执着，毫无意义地从早笑到晚。虽然我渴望光明的狂喜，但我不会这样要求，因为我知道狂喜之后便是严重的抑郁。我倒希望有一阵温暖的光从我身上落下，改造着整个世界，这阵光悠然迸发，保留了光明的永恒特有的平静。它远离狂喜的浓度，它会是优雅的轻盈和欢快的温暖。整个世界应当漂浮在这场光的梦里，在这明晰而虚幻的喜悦状态中。障碍和物质、形式和限制将不复存在。就让我在这样的风景中死于光明吧。

论死亡

有些问题，一旦思及，要么让你离尘避世，要么让你命在旦夕。之后，你就没有什么可失去的了。从此，你以前那些"严肃"的追求——你对多姿多彩的生活形式的精神探索，你对缥缈难寻之事的无限渴求，你因为经验主义存在种种局限而高涨的挫折感——都会变成一种过度发达的感受力的直白体现，缺少了那种深入危险秘境的人才有的深沉的严肃。我所说的并非所谓严肃人士的气定神闲、故作持重，而是将你生命的每一瞬都置于永恒层面的那种疯狂的紧绷。这份深沉的严肃，不能靠面对徒具形式的难题来获得，不论那些题目有多难，因为它们完全是由我们的智力所产生，而不是由我们的存在这一全然有机的结构所产生。只有有机的、存在主义的思想家才有这份深沉的严肃，因为对他来说，真理是活生生的，产生于内心的痛苦和器官的功能紊乱，而不是无用的沉思。从为了获得思考乐趣而思考的抽象人的阴影中，浮现出了有机人，他因为器官失调而思考，他超越了科学和艺术。我喜欢留有血肉气息的思想，我偏爱从性紧张或神经压抑中产生的观点，胜过空洞的抽象千倍。难道人们还没认清，肤浅的智力游戏的时代已经结束，痛苦远比三段论来得重要，绝望的哭号要比最微妙的思想更发人深省，泪水总比笑容拥有更深的根源？我们为何不愿承认活生生的真理——这种真理从我们体内产生，揭示出只属于我们的现实——所独有的价值？

我们为何不愿接受，人可以就死亡这一现存的最危险的问题，进行生气勃勃的深思？死亡并非在本体论层面有别于生命的外物，因为没有独立于生命的死亡。步入死亡并不像普通人，尤其是基督徒认为的那样，意味着咽下最后一口气，进入性质有别于生命的领域。相反，它意味着在生命的进程中发现死亡的通路，在生命的重要标志中发现死亡这一内在的深渊。对基督教和相信不朽的其他玄妙信仰来说，进入死亡是一场胜利，是打开与生命有玄妙区别的其他领域的大门。与这种幻想相反，在我看来，真正的痛苦感受在于领悟到，死亡在生命中无处不在。但这种痛苦的体验为何如此少有？会不会是我的假设完全错误，只有接受死亡的超验性，才能勾勒出死亡的形而上学？

健康、正常、平庸的人，既体会不到痛苦，也体会不到死亡。他们活得就好像生命有其确定无疑的特质。将生命视为全然独立于死亡，将死亡视为超乎生命的现实，这对正常人维持肤浅的心灵平衡不可或缺。所以他们才会认为，死亡源自外部，而非生命自身内在的劫数。普通人最大的错觉之一，就是忘记了生命是死亡的囚徒。只有当人肤浅的心灵平衡开始动摇，痛苦的挣扎将天真的自主取而代之时，形而上的启示才会开始。在普通人中，对死亡的预感实属罕见，甚至可以说，它并不存在。只有在生命连根基都被动摇的时候，对死亡的预感才会出现，这一事实确定无疑地证明，死亡在生命中无处不在。对此细加体察，我们就能看出，生命自成整体的信念是多么虚妄，对恶魔崇拜这一玄虚实体的信念又是多么有根有据。

如果死亡在生命中无处不在，为什么对死亡的觉知会让人无法生活？普通人不会被这种觉知所困扰，因为进入死亡的过程，伴随着生命活力的削弱。对这样的人来说，只有最后一刻的痛苦，而没有关乎生命根本的长久痛苦。从严肃的角度来看，生命中的每一步都在迈入死亡，记忆只是虚无的标识。被剥夺了形而上学理解力的普通人，并没有这份逐渐趋向死亡的意识，尽管他和任何人都逃不过这种无可抗拒的命运。但是当意识变得不受生命约束时，死亡的启示就变得如此强烈，以至它的存在摧毁了所有的天真、所有欣喜的热情和所有与生俱来的快感。拥有这份死亡意识，是堕落和罪大恶极的事。生命天真的诗意，它的诱惑和魅力，变得空洞乏味起来。同样变得空洞的，还有人们的终极计划和神学幻想。

眼看着死亡如何在这世间蔓延，如何杀死树木，如何刺穿梦境，如何使花朵或文明枯萎凋零，如何像灾害般侵蚀个体和文化，意味着超脱于泪水和悔恨之上，超脱于制度和习俗之上。任何不曾体验过死亡的可怕痛苦——像血流般升腾和扩散，像被蛇箍住窒息一般，诱发恐怖的幻觉——的人，都不会知晓生命恶魔般的特质，还有那种会引起巨大转变的、内心翻腾不已的滋味。只有领略过这股黑色的醉意，才能理解人为什么希望这个世界立刻终结。这不是狂喜的明亮的醉意，在那股醉意中，天堂的幻影以其辉煌征服了你，让你升华到一种无形无质的纯洁之中。而这是一股疯狂、危险、毁灭性、折磨人的黑色醉意，在这股醉意中，死亡带着噩梦中蛇眼的可怕魅惑出现。体验到这样的感觉和画面，意味着如此贴近现实的本质，以至生命和死亡都洒下了它们的幻影，在你心中实现了它们最富于戏剧性的形式。

一种愈发强烈的痛苦，将生与死融入可怕的旋涡：一种兽性的恶魔主义，从快感中借取泪水。生命作为死亡之路上的长久痛苦，不过是生命的恶魔辩证法的一种体现，在这种辩证法中，形式的产生只是为了遭受毁灭。生命的非理性体现在这种形式和内容的肆意铺陈中，体现在这种以新代旧的狂热冲动中，然而这种替代并没有质的提高。能舍身投入这种变化，能汲取每个瞬间提供的全部可能性，忽略掉那种令人痛苦、不无问题的评估——它在每个瞬间都能发现难以克服的相对性——能做到这些的人有福了。天真是通往救赎的唯一道路。但对那些感受到、体悟到生命是长久痛苦的人来说，救赎的问题简单明了。他们的道路上没有救赎。

死亡在生命中无处不在这一启示，通常发生在患病或长期抑郁的状态下。当然，也有别的方式，但它们是偶然和个别的，不像患病或抑郁那样富有带来启示的潜力。

如果说，疾病在这个世界上负有一项哲学使命，那它只能是证明生命的永恒感是多么虚幻，它的终局幻觉是多么脆弱。在疾病中，死亡总是已经寓于生命之中。真正的病痛将我们与形而上的现实联系起来，而健康的普通人是无法理解的。年轻人把死亡说成是处于生命之外。但是某种疾病向他们全力袭来时，青春的所有幻想和诱惑就会消失殆尽。在这个世界上，唯一真正的痛苦是疾病引发的痛苦。其他的痛苦全都带有致命的书生气。只有那些真正受苦的人，才能拥有真正的意义和无限的严肃。其他人是为和谐、爱、舞蹈和优雅而生。有许多人愿意欣然放弃通过绝望、痛苦和死亡获得的形而上的启示，以换取纯真的爱，或舞蹈时自然流露的性感。也有许多人宁愿放弃通过痛苦获得的荣耀，以换取不为人知的幸福生活。

所有的生病都是英勇行为，但它的英勇在于抵抗，而非征服。患病的英雄主义捍卫着生命失去的阵地。这些损失不仅对病人来说是无可挽回的，对那些经常抑郁发作的人来说也是一样的。这就解释了为何当前的心理分析没能为某些抑郁症类型中常见的死亡恐惧提出充分的理由。抑郁状态的结构才是他们达成基本理解的关键。在这些状态中，与世界的稳步分离痛苦地递增，让人更接近他的内在现实，让人在自己的主体性中发现死亡。不断增长的内在性朝着主体性的本质中心前进，克服了通常掩盖它的所有社会形式。一旦越过这个中心，渐进的内在性就会发现生死交织的地带，在那里，人还没有脱离存在的初始源泉，生命那魔鬼般的节奏以完全非理性的方式运行着。在抑郁症的情况下，意识到死亡在生命中无处不在，会营造出一种永远无法抚慰的长久不满和不安的气氛。

死亡在生命中的存在，将一种虚无的元素引入到人的存在之中。人无法想象没有虚无的死亡，也无法想象没有消极要素的生命。对死亡的恐惧，只不过是对死亡把我们抛入虚无的恐惧，这证明了死亡以虚无为前提。死亡在生命中无处不在，这是虚无最终战胜生命的标志，从而表明死亡的存在除了逐步打开通向虚无的道路之外，再没有别的意义。

尽管对永恒的信仰作为历史性的人所特有的慰藉，有其存在的必要，但生命这一悲剧和人——尤其是人——的灾难性结局，会证明这种天真信念的虚幻。

事实上，唯一的恐惧便是对死亡的恐惧。不同类型的恐惧只是同一基本心理现实在不同方面的表现。那些试图通过矫揉造作的推理来消除死亡恐惧的人，完全是错的，因为通过抽象的构造来消除有机的恐惧，是绝对不可能办到的。凡是认真考虑死亡问题的人必定会恐惧。就连那些相信永恒的人也是一样，因为他们害怕死亡。在他们的信仰中，存在着一种痛苦的努力，用于拯救——哪怕没有绝对的确信——他们生活其间并做出了贡献的价值世界；一种努力，用于战胜内在于短暂现世的虚无，在永恒中实现普世性。在没有宗教信仰的情况下遇到死亡，不会留下任何东西。在面对死亡不可逆转的湮灭时，普世的分类和形式都是虚幻和无足轻重的。形式和分类永远也无法掌握生与死的隐秘意义。理想主义或理性主义能抵消死亡吗？根本不能。但其他哲学和学说对死亡几乎只字不提。唯一有效的态度就是绝对的沉默或绝望的呼号。

有些人坚持认为，对死亡的恐惧没有更深层次的理由，因为只要还有一个"我"，就没有死亡，而一旦死亡，就不再有"我"了。这些人忘记了渐进式的痛苦这一十分奇怪的现象。这种人为地将"我"与死亡区分开来的做法，对一个对死亡怀有强烈预感的人来说，能有什么安慰效果？逻辑上的争论或微妙的思考，对一个深深沉浸于无可挽回之感的人来说，能有什么意义？所有试图将存在问题带入逻辑层面的努力都是徒劳无益的。哲学家们太骄傲了，不敢承认他们对死亡的恐惧，也太傲慢了，不敢承认疾病的精神丰饶性。他们对死亡的反思表现出一种虚伪的平静；事实上，他们比任何人都更害怕得发抖。人们不应忘记，哲学是掩盖内心煎熬的艺术。

对不可逆转和不可挽回之事的感觉，总是伴随着对痛苦的认识，可以达到一种混合着恐惧的、痛苦的感受，但是对死亡，没有爱或同情之类的事。死亡的艺术是学不来的，因为既没有技法，也没有规则。痛苦的不可挽回性，是由每个人通过无止境的强烈痛苦来独自体验的。大多数人没有意识到，自己心里有着缓慢的痛苦。对他们来说，只有一种痛苦，就是眼看就要堕入绝对虚无之前的那种痛苦。只有在这样的痛苦时刻，才会在意识中带来关于存在的重要启示。所以他们期待着从结局中得到一切，而不是试图把握缓慢而富有启迪的痛苦有何意义。结局只会揭示很少的东西，他们会像生前一样无知地死去。

由于痛苦在时间中展开，因此暂时性不仅是创造的条件，也是死亡的条件，也是死去这一戏剧性现象的条件。时间的恶魔特性——在时间当中，生命和死亡，创造和毁灭，都在向一个超验的层面发展演化，而不曾交汇——就这样显现出来。

对无可挽回之事——看似是与我们内心深处的倾向背道而驰的、不可避免的必然——的感受，之所以可以设想，只是因为时间有着恶魔的特性。确信自己无法逃脱无可更改的命运，时间只会展开毁灭这一戏剧进程，这是对无可挽回的痛苦的表达。那么，虚无岂不就是救赎？但在虚无之中，怎么可能会有救赎？如果通过存在，几乎不可能得救，那么通过完全不存在，又怎么可能得救呢？

既然存在和虚无中都没有救赎，那就让这个世界连同它的永恒法则化为齑粉吧！

忧郁

　　灵魂的每一种状态都会选取自己的外部形式，或者根据灵魂的本质对它加以改造。在所有伟大而深刻的状态中，主观和客观层面之间存在着紧密的对应关系。在平坦和封闭的空间里热情洋溢，是无法想象的。人的眼睛向外看，看到的是让他们内心感到困扰的事物。狂喜从来不是一种纯粹的内在满足；它是把一种发光的内在陶醉给外化了。只要看看狂喜者的脸，就能把他的内心张力的所有要素充分掌握。

　　为什么忧郁需要外在的无限广阔？因为它是无边无际的、空虚的扩张。人是可以跨越边界的，要么积极为之，要么消极为之。

生气勃勃、热情、愤怒，都是强度过剩的积极状态，它们冲破了限制性的障碍，超越了正常的状态。它们源于生命、活力和有机扩张的过度。在这些积极的状态下，生命越过了它正常的界限，不是为了自我否定，而是为了释放其郁积的能量，否则便会排放出狂暴的烈火。对消极的精神状态来说，跨越边界的含义截然不同，因为它不是从充实的洋溢中发生，而是恰恰相反。空虚起源于存在的深处，像癌一样逐渐蔓延。

忧郁状态中出现的向着虚无扩张的感觉，其根源在于所有消极状态特有的疲惫感。这种疲惫感将人与世界分隔开来。生命强烈的节奏，其有机的内在脉搏，被削弱了。疲惫是认知的第一个有机的决定因素。因为它给人与世界的分离创造了必要条件，所以疲惫使人进入将世界置于面前的视角。疲惫也会让人下降到生命的正常水平之下，它只允许人对生命的迹象存有模糊的预感。因此，忧郁产生于生命并不确定和成问题的区域。它的出处解释了，为何它对认知来说是丰富的，对生命来说却是贫乏的。

在通常的精神状态下，人与生命的各个层面密切接触，但在忧郁状态中人会与之分离，由此产生了一种对于世界的模糊感受。孤独的经历和奇异的景象，融化了世界坚实的形体。它们披上了非物质和透明的外衣。逐渐脱离所有特定的和具体的东西，把人抬升到一种视野，这视野越宽广，看得就越朦胧。若是没有这种抬升，这种向着高处的飞行，这种超越世界的拔升，任何忧郁状态都不可能存在。傲慢或蔑视、绝望或任何趋向无限消极的冲动，都做不到，但长期的冥想和因疲惫而产生的模糊梦境，却能带来这种抬升。人在忧郁中会长出翅膀，不是为了在世上享乐，而是为了孤身独处。忧郁中的孤独意味着什么？难道它不是与内在和外在无限的感觉有关吗？忧郁的眼神是呆板和没有洞察力的。忧郁的内在无限性和模糊性，不能与爱情那丰饶的无限性混为一谈，忧郁需要有一片边界无从把握的空间。忧郁没有明确或准确的意图，而平常的经验则要有具体的对象和形式。

忧郁的分离效果让人脱离了他所处的自然环境。他对无限的瞭望，表明他是孤独和被遗弃的。我们对世界的无限感受得越清晰，对自身有限性的意识就越敏锐。在某些状态下，这种意识是痛苦的抑郁，但在忧郁的状态下，它不那么折磨人，有时甚至会带来快感。

世界的无限和人的有限之间的差距，是绝望的重要成因；但当人们在忧郁的状态下看待这种差距时，它就不再是痛苦的，世界似乎被赋予了一种奇异、病态的美。真正的孤独意味着人的生命有一个痛苦的间歇，那是与死亡天使进行的孤独抗争。在孤独中生活意味着放弃对生命的所有期望。孤独中的唯一惊喜便是死亡。伟大的孤独者远离世界，并不是为他们的生活做准备，而是心有不甘地等待着生活的结束。沙漠和洞穴中从不曾发出关于生命的讯息。我们不是已经摒除了所有起始于沙漠的宗教吗？所有伟大的孤独者的启示和梦想，都揭示了一幅毁灭和结局的末日情景，而不是一顶代表光明和胜利的皇冠。

忧郁者的孤独没有那么深刻，它有时甚至具备审美的特征。我们不是常常说起甜美的忧郁或快意的忧郁吗？忧郁是一种审美的情绪，因为它非常被动。

以审美的态度对待生命，其特点就是沉思式的被动性，随意选取适合其主观性的一切。世界就好比是一个舞台，而人这名观众，被动地看着它。把生命看作奇观的理念消除了它的悲剧因素，还有那些像旋风一样将你卷入世界的痛苦戏剧中的矛盾对立。在审美体验里，每一个瞬间都是印象如何的问题，这远远无法与悲剧经验中的巨大张力相提并论，在悲剧经验中，每一个瞬间都是命运走向的问题。所有审美状态的核心——梦幻感，在悲剧中是不存在的。被动、梦幻感和感官魅力，构成了忧郁的审美要素。但由于忧郁的形式多种多样，所以它并不是单纯的审美。黑色的忧郁也很常见。

但首先，什么是甜美的忧郁？在夏天的午后，难道你不曾体验过那种奇异的快乐感受？当你放空自己的感官，没有任何特别的想法，当宁静的永恒的暗示，给你的灵魂带来了异乎寻常的安宁时？仿佛所有世俗的忧虑和精神的疑虑，在压倒性的美面前都化为无言，美的诱惑让所有的问题都变得多余。超越了骚动和沸腾，安静的存在以谨慎的快感，享受着周围的辉煌灿烂。平静，没有任何形式的强度，这是忧郁的关键。遗憾，也是忧郁所固有的，放大了它的强度缺失。尽管遗憾可以是持续的，但它永远不会强烈到引起深刻的痛苦。遗憾颇为动人地表达出了一种深刻的现象：通过生命步入死亡。它向我们展示了，我们身上有多少东西已经逝去。我为我身上已然逝去和因我而逝去的东西感到遗憾。我带回给生命的，只有昔日经验的幽灵。遗憾揭示出了时间恶魔般的重要意义：在带来成长的同时，它悄然引发了死亡。

遗憾使人忧郁，但并没有瘫痪或截短他的志向，因为在遗憾中，无可挽回的认知聚焦于过去，而未来仍然留有余地。忧郁并不是由器质性疾病带来的专注而自闭的严肃状态，因为它缺乏真正的悲伤状态所特有的可怕的回天无力感。即使是黑色的忧郁，也只是暂时的情绪，而非本质的特征。黑色忧郁的梦幻特征并未完全消失，因此它永远不会变成真正的疾病。甜蜜而快意的忧郁，以及黑色的忧郁，表现出相似的特征：内里空虚，外在无限，感觉模糊，梦幻感，抬升。它们的区别只有从情感色调的角度看，才是明显的。也许忧郁的多极性更多来自主体性的结构，而不是它自身的性质。它不是特别强烈，但比其他状态更容易波动起伏。它被赋予了更多的诗意而不是积极的美德，它拥有某种低调的优雅，完全没有悲惨而强烈的悲伤。

同样，优雅也是忧郁风景的标志。荷兰

或文艺复兴时期风景画的宽广视角，其光与影的永恒，其象征着无限的起伏山谷，其使物质世界精神化的变幻光线，还有露出明智笑容的人们的希望和遗憾——整个视角透着一股轻松而忧郁的优雅。在这样的风景中，人似乎在遗憾、不甘心地诉说着："我们能怎么办呢？这就是我们拥有的一切了！"在所有忧郁的尽头，都有一个获得安慰或听天由命的机会。它的审美面向给未来的和谐保留了可能性，而这些可能性在深沉而有机的悲伤中是不存在的。后者以无可挽回的方式结束，前者则以优雅的梦幻结束。

一切都不重要

我受苦，我思考，这能有多重要？我在这个世界上的存在会扰乱一些人平静的生活，也会扰乱另一些人无意识而愉快的天真。虽然我觉得，我的悲剧是历史上最大的悲剧——比帝国的衰落还大——但我仍然知道，我微不足道。我绝对相信，我在这个宇宙中什么都不是；但我觉得，我的存在才是唯一真实的存在。如果我必须在我和世界之间做出选择，我会拒绝世界，拒绝它的光和法则，并不害怕在绝对的虚无中独自滑行。虽然生命对我来说不啻是折磨，但我不能放弃它，因为我不相信什么绝对价值，更不会为它牺牲自己。如果我完全真诚，我会说，我不知道我为什么活着，为什么我不停止活着。答案可能在于生命的非理性特征，它自我维持，并无理由可言。如果活着只有荒谬的动机呢？还能称之为动机吗？这个世界不值得以理念或信仰的名义做出牺牲。曾有人为了我们的福祉和启蒙而死，我们可曾变得更幸福一些？福祉？启蒙？倘若有人为了让我幸福而死，那我会更加不幸，因为我不想把我的生活建立在墓地上。有时，我觉得我应该为历史上所有的苦难负责，因为我不明白，为什么有些人曾为了我们流血。如果我们能确定，他们比我们更幸福，那将是一个巨大的讽刺。就让历史灰飞烟灭吧！我何必操那份心？愿死亡在荒谬的光芒中出现；愿痛苦有限而隐秘；愿狂热并不纯洁；愿生活合乎理性；愿生活的辩证法合乎逻辑而不妖异；愿绝望细微而局限；愿永恒只是一个字眼；愿对虚无的体验是一场幻觉；愿宿命是一个笑话！我认真问自己，这一切的意义是什么？为什么要提出问题、投射光亮或看到阴影？在全然孤独的时候，把泪水埋在海边的沙子里岂不更好？但我从未哭过，因为我的泪水总会变成思想。

我的思想像泪水般苦涩。

狂喜

我不知道怀疑论者——对他们来说，这是一个什么都解决不了的世界——如何看待狂喜，即最丰富和最危险的狂喜，作为生命终极起源的狂喜。你并不能通过狂喜，获得清楚的确定或确切的知识；但那种深切参与其中的感觉是那样强烈，以至它超越了所有的限制和各类常识。一扇大门从这个劳作、痛苦的世界打开，通向生命的内部圣殿，在那儿，我们在瑰丽的形而上的恍惚中，领悟到一幅最简单的幻景。肤浅和个体的存在层面融化了，显露出了原有的深度。我想知道，若是没有表面形式的消失，真正形而上的感受还有无可能出现？人只有通过净化掉生命中的偶然和意外因素，才能接触到生命的核心。顾名思义，形而上的存在感就是狂喜，所有形而上的体系都植根于形形色色的狂喜。也有许多其他形式的狂喜，鉴于某种精神或气质的配置，不一定会导致超验。为什么不应该有一种纯粹存在的狂喜？形而上的存在主义诞生于世界原始起源面前的狂喜；它是终极的陶醉，是在对本质的沉思中狂喜的至乐。狂喜——是内在的提升、照亮，是洞见这个世界的疯狂——这是任何形而上学的基础，甚至在生命的最后时刻依然有效。任何真正的狂喜都是危险的。它就像埃及秘仪入会仪式的最后阶段，那时告诉入会者的不是终极的知识，而是"俄赛里斯[1]是一位黑色的神"。绝对的事物仍然是不可接近的。我在狂喜这一生命的终极起源中，看到的是一种疯狂，而不是认知。除非是孤身一人的时候，你感到自己漂浮在世界之上，否则你无法体

1　Osiris，古埃及冥府之神。

验到狂喜。孤独正是疯狂的恰当环境。值得注意的是，就连怀疑论者也能体验到这种狂喜。狂喜这种疯狂不正是通过对确定与本质、怀疑和绝望的奇异融合而显现出来的吗？

没有人会在未事先经历绝望的情况下体验到狂喜，因为这两种状态尽管类型不同，但都以同样彻底的净化为前提。

形而上学的根源与存在的根源一样复杂。

什么都无法解决的世界

除了死亡这唯一一件确定无疑的事，这个世界上还有什么是无可怀疑的？又要怀疑又要活下去——这是一个悖论，但算不上悲惨，因为怀疑不像绝望那么强烈、那么折磨人。抽象的怀疑——人只是部分参与其中——更为常见；而对于绝望，人是全副身心地参与其中。哪怕最拖累身心、最严重的怀疑，也达不到绝望的强度。与绝望相比，怀疑的特征就是一定程度的浅尝辄止和流于表面。我可以怀疑一切，可以冲着世界露出轻蔑的笑容，但这并不妨碍我吃饭、安睡、结婚。在绝望中——绝望的深度只有亲身经历才能明白——只有付出巨大的努力，才能完成这类活动。在绝望之巅，谁也没有睡觉的权利。所以真正绝望的人无法忘记自己的悲剧：他的意识将主观的苦恼那份痛楚的真实维持如初。怀疑是为难题和事情感到焦虑，源于所有的大问题无法解决的特点。如果这类问题得以解决，怀疑就会转变成更为正常的状态。在这方面，绝望者的情况截然不同：就算所有难题都解决了，他的焦虑也不会有任何减轻，因为他的焦虑是出自他本人的主观体验。绝望就是这样一种状态：焦虑与不安，如影随形地伴随着存在。绝望中的人不会被"问题"所困扰，而是会遭受内心的痛苦和火的折磨。遗憾的是，在这个世界上，什么都无法解决。但从来没有，也永远不会有任何人会为此自杀。在我们的存在当中，理性的焦虑在所有的焦虑中占了太多的分量！所以我才更喜欢被内心的火烧灼、被命运折磨的戏剧性生活，胜过沉迷于抽象的理性生活，抽象并不能吸引我们主体性的本质。我鄙视抽象思考里没有危险、疯狂和激情。思想是何等丰盈、活泼、热情！真情实意就像泵入心脏的血液一样，滋养着它！观察这个戏剧性的过程是很有趣的：人们原本只在意抽象和事不关己的问题，公正无私，浑然忘我，一旦他们经历了病痛，就会思考起他们自己的主体性和存在方面的问题。积极而客观的人没有足够的心智资源，把他们自己的命运变成一个有趣的难题。人必须走下内心地狱的所有台阶，才能把个人的命运变成一个主观却普世的难题。如果你没有被烧成灰烬，那你就能真心实意地进行哲学思考了。只有在你都懒得鄙视这个充满无解难题的世界时，你才能最终达到个人存在的优秀水平。之所以如此，并不是因为你有什么特殊的价值或优点，而是因为你除了自己的痛苦，对其他东西都不感兴趣。

矛盾对立与不合逻辑

那些在灵感的魔力下写作的人，对他们来说，思想是他们有机的神经倾向的表达，他们不关注整体的统一和体系。那种关注、矛盾和浮于表面的悖论，表明个人生活的贫乏和平淡。只有巨大而危险的矛盾才意味着丰富的精神生活，因为只有它们才能切实成就生命富足的内在流动。只知晓寥寥几种精神状态、从不生活在边缘的人是不会有矛盾的，因为他们有限的资源无法形成对立。但那些激烈地体验憎恨、绝望、混乱、虚无或爱的人，那些因每一种激情而燃烧、因每一种激情而逐渐死亡的人，那些只能在山顶呼吸的人，那些总是感到孤独的人——尤其是在他们与别人共处时——他们怎么可能以线性的方式成长，并凝聚出一套系统？所有形式、体系、类别、框架或计划都倾向于使事物绝对化，并且源于内在能量的匮乏，源于贫乏的精神生活。生命的巨大张力近似于混乱和兴奋的癫狂。丰富的精神生活必须了解混乱和疾病的剧烈发作，因为在这些状态里，灵感似乎是创造的必要条件，矛盾成为内心高温的表达。谁不爱混乱，谁就不是创造者，谁蔑视疾病，谁就没有资格谈论精神。只有从灵感当中迸发出来的东西，从我们的存在非理性的深处、从我们主体性隐秘的核心涌现出来的东西才有价值。任何完全由辛勤劳动和工作产生的东西都是没有价值的，正如任何完全由智力产生的东西都是没有生命力和无趣的一样。另一方面，我欣赏这些奇观：野蛮而自发的灵感爆发、精神状态的沸腾、本质的真情流露和所有内在的紧张——所有那些为了创造，让灵感成为唯一富有生命力的现实的东西。

论悲伤

如果说忧郁是一种漫无边际的遐想状态，永远不会导致强烈的深化或集中，那么悲伤则相反，表现为严肃的自我反省和痛苦的内在化。你可以在任何地方感到悲伤，但开放的空间有利于忧郁，而封闭的空间则会平添悲伤。在悲伤时，注意力的集中源于悲伤几乎总有一个准确的起因，而在忧郁时，意识以外的决定性因素是什么，说不清道不明。我知道我为什么悲伤，但说不清我为什么忧郁。忧郁的状态会随着时间推移而延伸，不会获得特定的强度。悲伤和忧郁都不会大肆爆发，都不会达到动摇个人生存基础的地步。我们经常说到叹息，对悲伤哭泣则绝口不提。

悲伤并非一种泛滥，而是一种消退和死亡的状态。它有一个极其重要的区分标志，就是它会在某些痛楚过后，非常频繁地出现。为什么性事过后会感到沮丧，为什么酩酊大醉之后会感到悲伤？因为在这些过激行为中耗费的能量，只会留下无法弥补的感受，以及失落感和被遗弃感，它们有着极强的负面强度。我们在取得某些成就之后会感到悲伤，因为我们没有获得感，而是体会到了失落感。每当生命消散，就会产生悲伤；悲伤的程度与所遭受的损失程度相当，所以最能勾起悲伤的就是对死亡的感受。我们永远不会说葬礼是忧郁的，这是忧郁与悲伤的显著区别。悲伤没有美学特征——而它很少在忧郁中缺席。当我们临近重要的经历和现实时，观察美学领域是怎样缩小的，颇为有趣。死亡、痛苦和悲伤否定了美学。死亡和美是完全对立的概念。我不知道还有什么比死亡更令人作呕，比死亡更严重、更险恶！有些诗人怎么会觉得，这种连怪诞面具都无法佩戴的终极否定是美的呢？讽刺的是，人越是欣赏它，就越是恐惧它。我必须承认，我欣赏死亡的消极。它是唯一一样我能欣赏却不喜爱的东西。它的恢宏和无限令我印象深刻，但我的绝望是如此巨大，以至我甚至不抱有死亡的希望。我怎么可能喜爱死亡呢？人们只能用矛盾的方式来书写它。谁说他对死亡有明确的认识，就说明他连死亡的预感都没有，哪怕他的心里背负着死亡。每个人不仅要背负他的生命，也要背负他的死亡。生命只是一场长久、漫长的痛苦。

在我看来，悲伤始终伴随着这场痛苦。难道悲伤的扭动所表达的不是痛苦吗？这些扭曲，对美的否定，暴露了太多的孤独，以至人们必须自问，悲伤的面容究竟是不是将生命中的死亡客观呈现的方式。悲伤是进入神秘的一种方式，那种神秘是如此丰富，以至悲伤始终都那么让人难以捉摸。倘若神秘也有衡量的尺度，那么悲伤就属于一组无限的神秘，没有极限，取之不竭。

令我深感遗憾的是，这一观察总能得到证实：只有那些从不思考，或者说，只考虑生活中最基本的必需品的人，才是幸福的，而考虑这些东西，意味着压根儿就不思考。真正的思考就像搅乱生命之泉的恶魔，或腐蚀生命之根的疾病。始终都在思考，提出问题，怀疑自己的命运，感受生活的疲惫，被思考和生活折磨得筋疲力尽，在你身后留下烟和血的痕迹，作为你人生戏剧的象征——所有这些意味着你是如此不快乐，反思和思考就像诅咒，在你心中引起强烈的反感。在这个不应该为任何事感到后悔的世界上，有许多事可以让人感到后悔。但我问自己：这个世界配让我感到后悔吗？

全然不满

　　为何我们当中有些人受到这样的诅咒：他们在任何地方都不能感到自在，无论他们是在阳光下，还是在阳光之外，无论是有人相伴，还是离群独处。对良好的幽默感一无所知，可真是一项惊人的成就！那些无法不负责任的人是最可悲的。拥有高度清醒的意识，始终意识到自己与世界的关系，生活在认知的永久张力中，意味着终身的迷失。认知是生命的瘟疫，意识则是生命之心上的一道开放的伤口。身为人，这种永不满意、悬浮在生死之间的动物，难道不是悲剧吗？我厌倦了身为一个人。倘若可以，我愿当场放弃我的身份，但那时我将成为什么，一头动物？我可不能重走老路。此外，我可能会成为一头了解哲学史的动物。至于成为超人，在我看来完全是荒唐的蠢行。

在某种超级意识里，会不会有一项解决办法？当然是近乎管用的。难道人就不能超越（而不是向着兽性的这一侧）意识所有复杂的形式、焦虑、痛苦，活在一个生命的领域里，从那里进入永恒将不再是纯粹的神话？至于我嘛，我从人类当中辞职了。我不想再做，也不可能继续做一个人。我应当做些什么？为社会和政治制度效力，让一个女孩痛苦？搜寻哲学体系中的弱点，为道德和审美的理想奋斗？都太微不足道了。我放弃了我的人性，尽管我有可能发现自己形单影只。但在这个我已不再期待任何东西的世界里，我不是已经形单影只了吗？在今天的共同理想和习俗之外，人也许可以在一个超级意识中呼吸，在那里，永恒的迷醉将彻底打消这个世界的疑虑，在那里，存在将像非存在一样纯粹和无形无质。

火浴

要获得无形无质的感觉，方法有很多，
要加以归类的话，很难——如果不是徒劳的
话。但我认为，火浴是最好的方法之一。火
浴：你着起火来，全身都是火光和火花，被
火焰吞噬，就像身处地狱。火浴净化得如此
彻底，以至抹除了存在。它的热浪和炙热的
火焰烧毁了生命的内核，扼杀了它的活力，
把它的进取心变成了愿望。活在火浴之中，
被其华丽的光辉所改变——这就是无形无质
的纯洁状态。在那种状态里，人只不过是一
团舞动的火焰。摆脱了重力法则的束缚，生
命变成了幻梦。但这还不是全部，最后，一
种最为奇特和矛盾的感觉出现了，梦幻般的

不真实感让位于化为灰烬的感觉。火浴总是这样结束：当内心的大火烧焦了你存在的基础，一切都化为灰烬，还有什么可体验的呢？一想到我的骨灰随风四散，狂乱地撒入空间，成为对世界的永恒指责，疯狂的喜悦和无限的讽刺就会油然而生。

支离破碎

　　并不是每个人都失去了纯真，因此并不是每个人都不快乐。那些纯真地生活的人，不是因为愚蠢——纯真是一种纯粹的状态，排除了这种缺陷——而是出于对大自然本能而有机的爱，纯真总是很快地发现大自然的魅力，这些人实现了和谐，与生命融为一体，这是那些在绝望之巅挣扎的人所梦寐以求的。支离破碎则意味着完全失去了纯真，这份可爱的礼物被知识这一生命的大敌所摧毁。纯真是爱与热情的沃土，是为存在与生俱来的魅力感到喜悦，是对矛盾无意识的体验，而这些矛盾也不再有悲剧性。要获得纯洁的"纯真的喜悦"，就绝不能有意识地生活在矛盾中，也不能知道悲剧和死亡的念头，因为这样的知识令人困惑，复杂难解，需要斩断。纯真抵制悲剧，但欢迎爱，因为纯真的人从不为内心的矛盾所困扰，有着慷慨付出的冲动。对那些将自己与生活隔绝开来的人来说，悲剧是非常痛苦的，因为矛盾不仅出现在他的内心，也出现在他与世界之间。只有两种基本的态度：纯真和英雄主义。所有其他态度，都是它们的一部分。人必须在这两种态度中做出选择，以避免犯蠢。但对那些已经前来做出这般选择的人来说，纯真已经不再是一种选择，所以就只剩英雄主义了。英雄主义对那些与生活决裂、无法获得成就感和幸福感的人来说，既是特权，也是诅咒。做一个英雄——在这个词最普遍的意义上，意味着渴望获得绝对的胜利。但这样的胜利只有通过死亡才能实现。英雄主义意味着超越生命；它是跳向虚无的致命一跃，尽管这位英雄可能并未意识到，他的能量来自被剥夺了正常支持的生命。所有本身纯真而不导致纯真的东西，都属于虚无。有谁能说出虚无的种种诱惑？假如我们这样做了，那我们必须补充说，它们太过神秘，无法参透。

论肉体的真实

　　我永远无法理解，为什么那么多人把肉体说成是幻觉，正如我永远无法理解，他们怎能在生活的戏剧——有着种种矛盾和缺点——之外，想象灵性如何如何。准是他们从未意识到肉体里的肉、神经、每个器官。尽管我不理解这种知觉的匮乏，但我相信，这是幸福的必要条件之一。那些仍然迷恋生命的非理性，迷恋生命有机的节奏，胜过意识的诞生的人，对肉体真实永存于意识之中的状态一无所知。这种存在是指一种根本性、存在性的疾病。始终意识到你的神经、你的脚、你的胃、你的心，你存在的每个部分，这难道不是一种疾病吗？有了这种意识，器官还不放弃正常的功能吗？肉体的真实是最可怕的真实之一。如果没有肉体的折磨，精神会是什么？如果没有神经的极度敏感，意识会是什么？人怎能想象，没有肉体，作为自由、无条件的精神存在，生活会是什么样？只有身体健康、不负责任、没有精神的人，才会那样想。精神是存在性疾病的产物，人是患病的动物。精神是生命中的畸形。我已经放弃了那么多，为什么不把精神也一并放弃呢？但放弃除了是一种生命的疾病之外，首先不就是一种精神疾病吗？

我不知道

　　我不知道什么是对的，什么是错的，什么是允许的，什么是不允许的；我不能判断，也不能赞美。世界上没有有效的标准，也没有一致的原则。令我惊讶的是，有些人仍然关注知识理论。说实话，我对知识的相对性毫不关心，只因为这个世界不配被人了解。我时常觉得自己仿佛拥有全部的知识，阅遍了世间的一切；另一些时候，我周遭的世界并不合理。于是一切都有了苦味，在我心里有种魔鬼般的、怪物般的苦涩，甚至让死亡也变得寡淡无味。我现在第一次意识到，定义这种苦涩有多难。也许我是在浪费时间，试图为它建立一个理论基础，而事实上它起源于某个前理论区。此时此刻，我什么都不相信，也不抱任何希望。所有赋予生命以魅力的表现和表达，对我来说都毫无意义。我对未来和过去都没有感觉，而现在在我看来有毒。我不知道自己是否感到绝望，因为缺乏希望，并不自然而然地意味着绝望。怎样称呼我都可以，因为我不会失去任何东西。我已经失去了一切！在我的四周，鲜花盛开，鸟儿欢唱！而我与万物相距甚远！

论个人与宇宙的孤独

人可以用两种方式体验孤独：在世间感受孤独，或者感受世界的孤独。个人的孤独是一场私人的戏剧；就算在绝妙的自然风光里，人们也会感到孤独。一个被遗弃的人，在这个世界上，对它的辉煌或冷清漠不关心，满脑子成功与失败，沉浸在内心的戏剧中，这就是孤独者的命运。另一方面，宇宙的孤独感，与其说是源于人的主观痛苦，不如说是源于对世界的孤立和客观的虚无的认识。仿佛这个世界上所有的辉煌瞬间消失一空，留下的是墓地般的沉闷单调。许多人被这一幻象所困扰：一个被遗弃的世界，被冰川般的孤独所包裹，甚至不曾被月光的苍白反射所触及。哪种人更不快乐呢？是感受到自己的孤独的人，还是感受到世界的孤独的人？谁也说不清，再说，我何苦为孤独的分类而烦恼，某人感到孤独，这还不够吗？

我把它落在纸上，留给追随我的人。我什么都不相信，遗忘是唯一的救赎。我宁愿忘记一切，忘记自己，忘记世界。真正的忏悔仅用眼泪写成。但我的眼泪会淹没世界，我心中的火焰会把世界化为灰烬。我不需要任何支持、鼓励或安慰，因为我虽然是最卑微的人，但仍然觉得自己十分强大、十分健壮、十分野蛮！因为我是唯一活着的人。因为我是唯一不抱希望生活的人，希望是英雄主义和悖论的顶点。终极的疯狂！我应该把我混乱、不羁的激情引向遗忘，回避精神和意识。我也有一个希望：一个对绝对遗忘的希望。但这是希望还是绝望？它不是对所有未来希望的否定吗？我宁愿我不知道，甚至不知道我不知道。为什么有那么多的问题、争论、烦恼？为什么会意识到死亡？所有这些思考和推究哲理，还要维持多久？

启示录

　　我真希望能有一天看到所有的人，不论年轻还是衰老，悲伤还是快乐，男人还是女人，结婚还是未婚，严肃还是肤浅，都离开他们的家和他们的工作场所，放弃他们的义务和责任，聚集在街头，再也不肯做任何事情。在那一刻，这些毫无意义的工作的奴隶——他们为未来的后代劳作，抱有可怕的错觉，以为他们为人类做出了贡献——为平庸、贫乏、没有价值的生活，为从未带来精神转变的巨大浪费而复仇。在那一刻，当所有的信仰和听天由命都消失不见，让普通生活的礼服彻底爆裂吧。让那些默默受苦，甚至不曾发出抱怨的叹息的人，全力以赴地叫喊，发出奇怪、气势汹汹、刺耳的喧嚣，震动大地。让水更快地流淌，让山更有威胁地摇摆，让树木露出它们的根须，就像一个永恒而狰狞的责备，让鸟儿像乌鸦一样呱呱叫，让动物吓得四处逃窜，筋疲力尽地倒下。让理想被宣布为虚无；信仰被宣布为琐事；艺术被宣布为谎言；哲学被宣布为笑话。让一切成为高潮和反高潮。让土块跃入空中，在风中瓦解；让植物在天空中组成奇怪的阿拉伯图案，组成可怕而扭曲的形状。让野火迅速蔓延，可怕的噪声淹没一切，以至连最小的动物都知道末日将至。让所有的形式变得无形，让混乱在巨大的旋涡中吞噬世界的结构。让巨大的骚乱和噪声、恐怖和爆炸出现，然后让永恒的寂静和完全的遗忘出现。在那最后的时刻，让人类迄今为止感受到的一切，希望、遗憾、爱、绝望和仇恨，以如此巨大的力量爆发出来，什么都不留下。难道这样的时刻不是虚无的胜利和非存在的最终神化吗？

对苦难的垄断

我问自己：为什么只有一部分人受苦？为什么只有一部分人被从正常人的行列中挑选出来，被送上受刑架？有些宗教坚持认为，上帝通过苦难来考验我们，或者我们通过苦难来赎回邪恶和不信奉。就算这样的解释可以让信教者满意，但对于任何注意到苦难是随意和不公正的人来说，依然是不够的，因为无辜的人往往受苦最多。苦难没有正当的理由。苦难没有价值的高低之分。

苦难最为有趣的地方，就是受难者对其绝对性的信念。他相信自己对苦难有垄断权。我认为只有我在受苦，只有我有权利受苦，尽管我也意识到，有比我的更可怕的受苦方式——肉块从骨头上掉落，身体在别人眼前四分五裂，还有种种畸形、罪恶、可耻的痛苦。人们问自己，怎么会这样？既然如此，人们怎么还能说起宿命和其他诸如此类的无稽之谈？苦难让我深受感动，以至失去了所有的勇气。我失去了信心，因为不明白世界上为什么会有痛苦。它起源于生命的兽性、非理性和恶魔主义，解释了世界上苦难的存在，但并不能证明它的正当性。或者说，苦难的存在并不比生命更有正当的理由。生命是必要的吗？还是说，生命的合理性完全是内在固有的？为什么我们不应该奉劝自己，接受非存在的最后胜利，接受存在向着虚无推进、存在向着非存在推进的想法？非存在不是最后的绝对现实吗？这个悖论就像世界的悖论一样具有挑战性。

虽然苦难让我感动，有时甚至让我高兴，但我永远不能为苦难写辩护词，因为长期的苦难——所有真正的苦难都是长期的，虽然在最初阶段有净化的效果——会使理性松动，使感官迟钝，最后带来毁灭。只有那些对苦难感兴趣的审美者和业余爱好者，才会对苦难抱有轻松的热情，他们误以为苦难是一种娱乐，不明白苦难中既有毒药，一种可怕的破坏性能量，也有丰厚的肥力，需要付出昂贵的代价。对苦难的垄断就是活在深渊之上。所有的痛苦都是深渊。

那些坚持认为自杀是捍卫生命的人是懦夫。他们编造解释和借口，来掩饰他们的无能和胆怯，因为实际上，实施自杀，不可能有合乎意志或理性的决定，只有有机的、隐秘的理由预先做出了决定。

对那些自杀的人而言，死亡有一股病态的吸引力，他们试图有意识地抵制着这股吸引力，但无法将这股吸引力全然遏制。他们体内的生命是如此失衡，没有任何理性的辩论可以加以纠正。不会有理智清醒的自杀者，在对虚无和生命的徒劳进行沉思之后，得出合乎逻辑的结论。如果有人说，古代曾有智者在孤独中自杀，我会回答说，他们之所以能这样做，只是因为他们已经扼杀了自己的生命。思考死亡和类似的危险话题，是对生命发出致命一击，因为思考这么多痛苦问题的心灵，肯定已经受伤。没有人会因为外部原因而自杀，只会因为内心的失衡。在类似的不利环境下，有的人无动于衷，有的人被感动，有的人被逼自杀。要沉迷于自杀，必须有这样的内心痛苦：所有自我设置的藩篱都被冲破，除了灾难性的眩晕、奇怪而强大的旋风，什么都没有留下。自杀怎么可能是对生命的捍卫？人们说，自杀是由失望引起的。这意味着你曾渴望生命，你曾抱有期望，但它没有实现。这是错误的辩证法！仿佛自杀者在死前没有活着、没有希望、没有野心、没有痛苦。自杀的关键是相信你不能再活下去了，不是因为心血来潮，而是因为可怕的内心悲剧。无法生存是对生命的捍卫吗？任何自杀都令人动容。所以我想知道，为什么人们还在寻找原因和正当理由，为什么还会贬低自杀。没有什么比给自杀者划分等级，把他们分为高尚和庸俗更可笑的了。失去生命足以让人动容，足以避免对动机的琐碎探寻。我鄙视那些嘲笑别人为爱自杀的人，因为他们不明白，对爱而不得的人来说，这场爱是对他的存在的抹杀，是毁灭性地坠入无意义之中。未能实现的激情导致的死亡，比巨大的失败还要快。巨大的失败是慢性的痛苦，但被挫败而导致的强烈激情杀起人来，就像一道闪电。我只欣赏两类人：潜在的疯子和潜在的自杀者。只有他们能激发我的敬畏，因为只有他们能有伟大的激情和伟大的精神转变。那些积极生活，充满自信，对自己的过去、现在和未来都感到满意的人，只能得到我的尊敬。

我为什么不自杀？因为我对死亡和对生命一样厌恶。我应该被扔进燃烧的大熔炉里！我为什么会在这个世界上？我觉得有必要大声呼喊，发出野蛮的尖叫，它会让世界为之颤抖。我就像一道闪电，准备将世界点燃，用我的虚无之火吞噬一切。我是有史以来最畸形的存在，是充满火焰和黑暗、充满愿望和绝望的天启之兽。我是笑容扭曲的兽，向着幻觉收缩，向着无限扩张，在同时生长和死亡，愉快地悬浮在对虚无的希望和对一切的绝望之间，在香气和毒药中长大，被爱与恨折磨，被光和影杀死。我的象征是光明的死亡和死亡的火焰。火花在我的体内消亡，却又以雷电的形式重生。黑暗本身在我体内熠熠生辉。

绝对的真情流露

　　我愿爆炸、飘飞、化为齑粉，我的解体将是我的杰作。我愿融化在这个世界，让这个世界在我体内融化到高潮，从而在我们的谵妄中，生成一个世界末日的梦，像所有朦胧的幻象一样奇异而宏伟。让我们的梦带来神秘的光辉和胜利的阴影，让一场大火吞噬世界，让它的火焰产生朦胧的快乐，这快乐就像死亡一样复杂，像虚无一样迷人。真情流露只有通过谵妄才能达到其终极的表达形式。绝对的真情流露是弥留之际的真情流露。在这种真情流露中，表达变成了现实，不再是局部、次要和不显眼的客观呈现。不仅你的智慧和你的敏感，而且你的整个存在，你的生命和你的身体都参与其中。绝对的真情流露是达到绝对自我认识的命运。这种真情流露永远不会采取客观和独立的形式，因为它就是你自己的血和肉。它只在那些至关重要的时刻出现，那时体验就是表达。死亡的唯一形式就是对它的体验。这样的真情流露是行为和现实的并列，因为行为不再是现实的表现，而是现实本身。绝对的真情流露超越了诗歌和感伤主义，更接近命运的形而上学，一般来说，它倾向于把一切都放在死亡的层面。所有重要的事物都带有死亡的预兆。

彻底混乱的感受！无法区分、澄清、理解或欣赏！这种感受会让任何哲学家成为诗人，但不是所有的哲学家都能以重要和持久的强度去体验它，因为他们这样做的话，就不能再抽象而生硬地推究哲理了。哲学家变成诗人的过程就像一出戏。你从一个抽象的世界落入感受的旋风，落入灵魂中纠缠不清的所有奇妙的形状和数字中。在这场复杂的灵魂戏剧中，情欲的期待与形而上学的焦虑相冲突，对死亡的恐惧与对纯真的渴望相冲突，完全的放弃与矛盾的英雄主义相冲突，绝望与骄傲相冲突，对疯狂的预感与对默默无闻的渴望相冲突，尖叫与沉默相冲突，雄心与虚无相冲突，这些冲突忽然一起出现，这出戏的演员怎么还能有条不紊地继续进行哲学思考？有些人从抽象形式的世界里起步，却在绝对的混乱中终结。因此，他们只能进行富有诗意的哲学思考。在绝对混乱的状态下，只有疯狂的乐趣和折磨依然重要。

优雅的意义

有许多方法可以超越我们对生命的盲目依恋，但只有通过优雅，我们才不会与生命的非理性力量决裂；优雅本身就是徒劳的一跃，是一股不偏不倚的活力，不会破坏生命纯真的魅力。优雅是向上翱翔的喜悦。

优雅的动作起伏，意味着轻盈而无形的飞行。它们有自发的空中振翅飞行，有自发的微笑，有自发的纯粹而年轻的梦想。舞蹈难道不是优雅最佳的表现形式吗？在优雅的状态里，生命是一股纯粹活力的流动，从不打破它自身节奏的和谐。生命变成了梦幻，变成了不偏不倚的游戏，变成了包含在自身边界内的扩张。就这样，它创造出一个令人愉快的自由的幻觉、自发的放弃、在阳光下编织而成的梦。绝望是个体化的爆发，是痛苦而独特的内在化。另一方面，优雅会带来和谐而纯真的满足，优雅的存在永远不会体验到孤独和孤立的感觉。优雅是一种虚幻的状态，在这种状态下，生命否定了它的矛盾对立，超越了它的恶魔辩证法，在这种状态下，矛盾、宿命和无可挽回的意识暂时消失了。优雅轻盈而轻快，使人升华，但从不净化，因为它从未达到崇高的高度。平常的经历从不将生命带到狂热紧张的高度，也不会带到内心深渊的边缘，更不会将其从死亡的象征——重力法则——中解放出来。但优雅是从法则下面解脱出来，是从隐蔽的诱惑下面解脱出来，是从生命的魔爪和消极倾向下面解脱出来。对消极性的超越是优雅的本质特征。因此，在优雅的状态下，生命显得更加明亮，披着闪亮的光芒，这并不令人惊讶。优雅通过存在的和谐而轻盈，超越了所有的消极和邪念，优雅比宗教信仰更快地上升到了幸福的状态,而宗教信仰是通过痛苦和斗争达到这一状态的。在这个世界上哪有什么多样性,因为紧挨着优雅的就是永久的恐惧,它是许多人遭受的折磨……没有经历过绝对恐惧、普遍焦虑的人,不能理解斗争、肉体的疯狂和死亡的疯狂。只知道优雅的人不能理解病人的焦虑。只有疾病才会产生严肃而深刻的感情。只要不是从疾病中产生的,都只有审美的价值。生病意味着生活在绝望之巅,不管自愿与否。但这样的巅峰预示着深渊,可怕的悬崖——生活在巅峰上就意味着生活在深渊附近。人必须摔倒,才能抵达巅峰。

但优雅是一种满足的状态,甚至是幸福,它既不知道深渊,也不知道痛苦。为什么女人比男人更幸福?不正是因为在她们身上,优雅和纯真比在男人身上更常见吗?她们也会受到疾病和不满的影响,但优雅占据主导地位。她们纯真的优雅赋予了她们一种表面上的平衡状态,而这种平衡状态绝不会导致悲惨而危险的紧张。女人在精神层面上是安全的，因为在她们身上，生命和精神之间的二元对立不像在男人身上那么强烈。优雅的存在感不会导致形而上学的启示，不会导致真理的幻象，不会导致毒害生命的每一刻的终局感。女人是密码：你对她们考虑得越多，就越不了解她们。在女人面前，男人是沉默的，正如男人在思考世界隐秘的本质时是沉默的一样。但后者是深不可测的无限，而前者是简单的神秘，换句话说，是空虚。女人并没有与生活严重脱节，对那些身在绝望之巅的男人来说，女人是一场短暂的救赎，因为通过她，仍有可能回到生活的无意识而纯真的快乐之中。优雅，假如不曾拯救世界，那它也拯救了女人。

怜悯的徒劳无益

　　世界上有那么多盲人、聋人和疯子，人怎么还能拥有理想？我怎么能心安理得地享受别人看不到的光明，或者别人听不到的声音？我觉得自己像个窃取光明的盗贼。难道我们没有从盲人那里偷取光明，从聋人那里偷取声音？难道我们的清醒不该为疯子的黑暗负责？一想到这些事，我就失去了所有的勇气和意志，思想似乎是无用的，同情是虚妄的。因为我不觉得自己平庸到可以对任何人心生怜悯。怜悯是肤浅的标志：崩毁的命运和无情的苦难，要么让你放声尖叫，要么让你心如铁石。同情不仅无济于事，也是傲慢无礼。再说，当你自己遭受可耻的痛苦时，你怎能同情他人？怜悯之所以如此常见，是因为它并不会把你捆绑到任何东西上！在这个世界上，还没有人因为别人的痛苦而死。那个声称他为我们而死的人，并未自行死去；他是被人杀死的。

永恒与道德

时至今日，也没人能说清什么是对，什么是错。将来亦然。这种表达的相对性没有什么意义；但无法放弃使用它们，这一点的意义更为重大。我不知道什么是对，什么是错，但我却把行动分为好的和坏的。假如有人问我为什么这样做，我回答不上来。我本能地使用道德标准；后来，当我重新考虑时，我并没有发现自己这样做的正当理由。道德已经变得如此复杂和矛盾，是因为它的价值不再构成生命的秩序，而是定型在一个超验的领域，只与生命的活力和非理性的力量勉强相连。人要如何去建立一种道德？我受够了"善"这个词；它是如此陈腐而空洞！道德告诉你要为善的胜利而努力！怎么做呢？通过履行自己的职责、尊重、牺牲。这些都是空话：在赤裸裸的现实面前，道德原则是空洞的，以至人们想知道，没有这些原则的生命是否更为可取。我喜欢一个没有礼法和原则的世界，一个彻底不确定的世界。我喜欢想象一个充满幻想和梦幻的世界，在那里谈论对与错将不再有任何意义。既然现实在本质上是非理性的，为什么还要制定规则，为什么还要区分对与错？道德不能被拯救；不这样认为是错的。然而，有些人坚持认为，在这个世界上，快乐和罪恶都是小小的满足，只享有短暂的胜利，只有善行才是永恒的。他们谎称在这个世界的苦难结束时，善良和美德将会获胜，但他们没有看到，如果永恒抹去了肤浅的快乐，它也同样抹去了美德、善行和道德行为。永恒不会导致善或恶的胜利；它会踩躏一切。以永恒的名义谴责伊壁鸠鲁派是愚蠢的。痛苦而不是快乐，怎么会使我不朽呢？从纯客观的角度来看，一个人的痛苦和另一个人的快乐之间有什么重大区别吗？

无论你是否受苦，虚无都会将你永远吞噬。没有什么通往永恒的客观道路，只有在偶然的瞬间体验到的主观感受。人创造的任何东西都不会持久。既然有其他更美好的幻想，为什么还要沉醉于道德幻想呢？那些在永恒面前谈论道德救赎的人，指的是道德行为在时间中的模糊回音，它的无限共鸣。没有什么比这更不真实了，因为所谓的有德行的人其实是懦夫，他们会比那些耽于快乐的人更快地从世界的意识中消失。即便如此，假设相反的情况是真实的，那十几二十年的时间真的重要吗？任何未能得到满足的乐趣，都是生命的损失。我不会是那个以痛苦的名义，宣扬反对快乐、狂欢和恣意的人。让平庸的人说说快乐的后果吧：难道痛苦的后果不是更严重吗？只有平庸的人想要活到老年再死。那么，受苦吧，把快乐喝到最后一滴，哭或笑吧，在绝望或快乐中尖叫吧，歌唱死亡或爱情吧，因为没有什么会长存！道德只会把生活变成一长串错失的良机！

瞬间与永恒

永恒只能被理解为主观经验。它不能被客观地设想，因为人的时间有限性，使他无法把无限当作一个不受限制的时间进程的概念去把握。因此，对永恒的体验取决于主观感受的强度，而通向永恒的途径是对暂时性的超越。人们必须与时间作艰苦的斗争，才能——一旦克服了瞬间连续不断的妄念——彻底地生活在进入永恒的一瞬间。瞬间如何变成通往永恒的大门？瞬间的不充分性和相对性产生了成为永恒的感觉：那些对暂时性抱有敏锐意识的人，每一刻都在想着下一刻。只有在没有连续性的情况下——如果一个人完全和绝对地生活在瞬间之中——才能到达永恒。对永恒的每一次体验都预示着一次飞跃和转变，而能够实现对永恒的幸福沉思所必需的那种紧张感的人，少之又少。重要的不是沉思的长度，而是沉思的强度。恢复正常无损于这种充实体验的丰富性。另一方面，这种沉思发生的频率也很重要：只有通过频繁的重复，才能体验到永恒的陶醉感，体验到它那明亮的、超出尘世的乐趣。通过把瞬间从它的连续中分离出来，你在主观上为它赋予了一个绝对的价值。从永恒的角度来看，时间，还有它那一长串单独的瞬间，就算不是虚幻的，也是无足轻重的。

在永恒之中，没有希望或遗憾。活在每一个瞬间本身就是为了摆脱品味和分类的相对性，摆脱时间将我们禁锢其中的内在性。如果没有在时间中同步的生命，就不可能有内在的生命：没有了暂时性，生命就会失去它的戏剧特征。生命越是紧张，它的时间就越是显而易见。此外，生命包含着大量的方向、目标和意图，这些目标和意图只有在时间中才能实现。在谈论生命时，你说的是瞬间；在谈论永恒时，你说的是瞬间。对永恒的体验是生命的空虚，是对时间的征服，是对生命那些瞬间的胜利。那些对永恒有着与生俱来的沉思意识的人——像我们一样不受暂时性的污染，比如某些东方文化中的人——对我们征服时间的戏剧性斗争一无所知。但对我们来说，对永恒的沉思是征服的幻觉和奇特的乐趣的来源。人不能像爱女人、命运或绝望那样去爱永恒，因为在对永恒的爱中，存在着星光的宁静流露出来的吸引力。

历史与永恒

我为什么要生活在历史当中，或者担心这个时代的社会和文化问题？我对文化和历史感到厌倦；我不能让自己再去拥抱它的痛苦和它的渴望。我们必须超越历史，只有当过去、现在和未来不再重要，当我们生活的时间和地点变成一件无所谓的事时，我们才能做到这一点。难道因为我生活在今天，而不是四千年前的古埃及，我的生活就会好很多吗？可怜那些生活在我们所不喜欢的时代的人，可怜他们不知道基督教或现代科学的发现，这是愚蠢的。由于生活方式没有高下之分，每个人都不可能和另一个人同时正确。每个历史时代本身就是一个世界，它是封闭的，对自己的原则确信不疑，直到历史生活的辩证运动创造出一个新的、同样有局限和缺陷的形式。我感到惊讶的是，居然有人研究过去，而整个历史给我的印象是无效的。我们祖先的理想和信仰有什么意义呢？人类的成就很可能是伟大的，但我不屑于了解它们。我在对永恒的思考中得到更大的安慰。在这个不值一提的世界上，唯一有效的关系是人与永恒的关系，而不是人与历史的关系。没有人会因为一时的心血来潮而否定历史，只有在令人痛心、出乎意料的悲剧的影响下才会这样做。这种否定来自巨大的悲伤，而不仅仅是对历史的抽象思考。现在，我不再想参与历史，我否定了人类的过去，一股致命的悲哀，痛苦得超乎想象，在我身上肆虐。它是否已经沉睡了很久，现在才被这些想法唤醒？我心里有死亡的苦味，虚无像强力毒药一样在我体内燃烧。我如此悲伤，悲伤至死的时候，怎么还能说到美，评说美学？

我再也不想知道什么了。通过超越历史，

人们获得了超级意识，这是永恒的重要成分。它会把你带入矛盾和怀疑失去意义的领域，在那儿，你忘记了生命和死亡。正是对死亡的恐惧让人们开始追求永恒：它唯一的好处就是遗忘。但是从永恒中返回呢？

不再是人

我越来越相信，人是一种不幸的动物，遭到抛弃，被迫在生活中寻找自己的出路。自然界里从来没有像他这样的东西。他因为所谓的自由而遭受的痛苦，比他被囚禁在自然存在中，要痛苦一千倍。毫不奇怪，他经常渴望成为一朵花或某种别的植物。当你发展到想像植物那样，毫无意识地活着，那你就已经对人性感到绝望了。但我凭什么不应该和花朵交换位置？我已经知道作为人意味着什么，那就是生活在历史中，拥有理想——对我来说还有什么好处？当然，身为人，是一件很棒的事！但它主要还是一场悲剧，因为做人意味着以一种完全不同的方式生活，要比自然存在更复杂、更戏剧化。随着你向无生命领域一路下行，生命的悲剧性也会逐渐消失。人倾向于垄断世间的悲剧和痛苦，所以对他来说，救赎是一个无法解决的迫切问题。我不为自己是人而自豪，因为我太清楚做人是怎么回事了。只有那些没有强烈体验过这种状态的人才会感到自豪，因为他们打算成为人。他们的喜悦是自然的：人类当中有一些人，不比植物或动物高贵多少，因此渴望成为人类。但那些知道做人意味着什么的人，只渴望着成为别的东西。如果可以，我愿意每天选择另一种形式，植物或动物，我愿意逐一成为所有的花卉：野草、蓟草或玫瑰；枝条凌乱的热带树木、岸边的海草、被风吹拂的大山；捕食的猛禽、呱呱叫的鸟、歌声婉转的鸟；林中野兽或被驯服的动物。让我疯狂而不自知地过上每一个物种的生活，让我尝试整个自然界的光谱，让我优雅而谨慎地变换，仿佛这是最自然不过的过程。我将如何寻觅巢穴和洞穴？在荒山和大海、丘陵和平原上徘徊！只有这样的宇宙冒险，在植物和动物领域的一系列变形，才能唤醒我再次做人的愿望。如果说人与动物的区别在于，动物只能是动物，而人也可以不是人，也就是说，是某种自身以外的东西，那我就不是人。

魔法与宿命

我很难想象拥有魔法敏感性的人的快乐，这些人觉得一切都在他们的能力范围之内，对他们来说没有什么障碍。魔法敏感性只会带来快乐；它对存在的不可逆转性和宿命性一无所知。感到自己无所不能，你可以把绝对的东西握在手心，你的热情与世界的热情融为一体，你就是世界，世界的心脏在你体内狂热地跳动——这些都是难以想象的快乐的组成部分，是那些拥有魔法敏感性的人的独家专利。魔法对疾病一无所知，或者即使知道，也绝非不治之症。魔法的乐观主义能在一切事物中找到等价物。魔法拒绝生命消极、恶魔般的本质。拥有这种敏感性的人无法理解痛苦、苦难、命运、死亡的胜利。魔法的幻象否定了无可挽回之事，拒绝死亡的无可避免和普遍性。从主观上讲，魔法非常重要，因为它带来一种欣喜若狂的状态。在这种状态里，人活得就好像他能长生不死一般。死亡的问题不外乎是死亡的主观意识。对那些没有这种意识的人来说，他们将会通过死亡堕入虚无，这件事一点也不重要。我们通过对死亡的不断思考，达到了意识的高潮。

远为复杂的是那些意识到宿命的人，对他们来说，不可解决和不可逆转的才是真实的，他们感到努力是徒劳的，后悔是不堪忍受的。重要的现实在宿命的预兆下展开，生命无法克服其有限的条件。魔法对细小而无关紧要的事物有用，但在面对形而上的现实时却无能为力，现实在大多数时候需要的是沉默，而这一点，魔法敏感性是无法做到的。带着对宿命、对自己面对人生重大难题——你甚至无法在不将自己悲惨地卷入存在的情况下，提出这些难题——无能为力的敏锐意识去生活，这意味着直截了当地参与生命的重要问题，即无法接近和不可知的无限。

难以想象的快乐

你假装绝望和痛苦只是前奏，如果人不想成为行尸走肉，那么在理想情况下，人应当克服它们。你认为快乐是唯一的救赎手段，你鄙视所有其他的手段？你把对痛苦的沉迷称为自私，而只在快乐中找到慷慨付出的冲动？你向我们提供这份快乐；但我们怎能从外部接受它呢？只要它不是来自我们的内在资源，外来的帮助就无济于事。把快乐推荐给那些无法快乐的人是多么容易啊！一个被疯狂困扰的人怎么会快乐呢？所有那些热衷于推广快乐的人，是否能意识到，发觉和担忧疯狂的逼近，意味着什么？一生都生活在疯狂预感的折磨下，再加上更为持久和确定的死亡意识，意味着什么？快乐很可能是一种幸福的状态，但它只能自然达到。我们的痛苦也许会结束，我们也许仍然注定要实现平静安宁的幸福。伊甸园的大门应该对我永远关闭吗？我还没有找到大门的钥匙。

既然我们无法快乐起来，那就只剩痛苦的道路，疯狂兴奋的道路。让我们充分生活在痛苦之中；让我们绝对地、狂热地生活在我们内心的悲剧之中，直至最后！我们所剩下的只有爆发，当它消退时，就只剩一缕烟……我们内心的火焰将蹂躏一切。快乐纯粹而慷慨，不需要赞美或辩解，但在绝望面前，快乐是没有保障的。它对有机的绝望者没有任何作用，而对其他人来说，它是如此诱人，不需要任何借口。绝对绝望的复杂性远比绝对快乐的复杂性大得多。是否正因如此，伊甸园的大门才不向那些失去希望的人敞开？

苦难的模糊性

　　没有谁在经受了痛苦或疾病之后，体会不到最轻微、最模糊的后悔之情。虽然渴望康复，但那些长期遭受强烈痛苦的人，会从他们的好转中，感觉到一种无可弥补的损失。如果说痛苦是你存在的一部分，克服它就会像是蒙受了损失，会引起一阵懊悔。我把自己最出色的部分，还有我在生命中失去的一切，都归因于受苦。因此，我既不能诅咒也无法喜爱苦难。我对它的感觉很难描述：它奇怪而又难以捉摸，有着黄昏般的神秘魅力。苦尽甘来的幸福是一场幻觉，因为它需要与痛苦的宿命性达成和解，以免遭彻底的毁灭。生命最后的资源在这场幻觉之下闷燃着。对痛苦的唯一让步，隐藏在我们对有望恢复的遗憾中，但这种感觉是如此模糊和难以捉摸，以至它不会在任何人的意识中留下形迹。所有消失的痛苦都带有这种模糊的不适，仿佛一旦恢复了平衡，就封禁了通向诱人而又折磨人的领域的道路，若是不做最后的回望，人就无法从这些领域离开。既然苦难并未向我们揭示出"美"，那又是什么光亮仍然吸引着我们的目光？我们是否被痛苦的阴暗所吸引？

一切都是尘埃

拒绝生命的理由太多，无法逐一列举，绝望、死亡和无限，只是最明显的理由。但也有同样多的内在、主观原因，因为就生命而言，并没有什么真假之分，只有我们自发的反应。不妨称之为主观主义。这有什么关系呢？强烈的主观性不正是达到普世性的途径吗，就像人们通过瞬间进入永恒一样？人们对孤独太不重视了！他们谴责因孤独而产生的一切贫乏，只赞美社会价值，因为他们看重这样的错觉：他们都对社会价值的创造有所贡献。他们都向往伟大的成就，希望通过这些成就获得不朽的地位。仿佛他们不会化为尘埃！

我对一切都感到不满。如果他们让我成为上帝，我会立刻辞职，如果全世界只有我一个人，我会把自己肢解，爆成小块，然后消失。怎么会有这样的时刻：我觉得，我好像什么都理解？

热情是爱的一种形式

对那些生活在绝望的征兆下的人来说，有一些纯净而清澈的活法。那些生命自由流淌、没有障碍的人，达到了一种令人愉悦的满足阶段，在这个阶段里，世界显得富有魅力、充满光明。热情将迷人的光芒洒满世界；热情是爱的一种特殊形式，是一种忘我的方式。爱有如此多的面孔，如此多的方面，如此多的偏差，很难给它找出一个典型的形式。任何关于爱的科学首先都会寻找爱的原始表现形式。当人们谈到两性之间的爱、对上帝的爱、对大自然或艺术的爱时，也可以把热情说成是爱的一种形式。哪种形式是所有其他形式的根源？神学家认为是对上帝的爱，所有其他表现形式都是这种基本之爱的苍白映像。有审美倾向的泛神论者认为，它是对自然的爱，而纯粹的唯美主义者认为是对艺术的爱。同样，对生物学家来说，是没有感情的纯粹性爱，对形而上学者来说，它是普遍认同的感觉。但他们当中没有一个人能证明他所捍卫的形式是最典型的，因为在历史进程中，这种形式变化太大，以至今天没有人能确切地定义它。

至于我，我相信爱的典型形式是男女之间的爱，不仅是性爱，还有丰富的情感状态网络。可曾有人以上帝、自然或艺术的名义自杀？当爱牢牢抓住具体的事物，它就会变得更为强烈：男人爱一个女人，因为她与众不同，在这个世界上独一无二，在激情的巅峰，没有什么可以替代她。所有其他形式的爱，尽管趋于自主，但都参与了这种基本形式。因此，人们通常不把热情放在爱的领域里，但其实，热情深深地扎根在爱的实质里面，尽管它有着解放的倾向。热情的人有一种普遍接受的能力，有一种以过剩的活力收集一切的能力，这种过剩的活力之所以要消耗自己，只是为了获得行动的乐趣。热情的人不听从任何标准，不做任何计算；他满心都是放弃、不安和奉献。实现目标的喜悦和达成高效的狂喜，是这个人的基本特征：对他来说，生活就是向着巅峰飞跃，在那儿，破坏性的力量丧失了消极的强度。我们都有热情的时刻，但它们太少了，无法给我们留下永久的印记。我指的是那些热情占据主导，并构成人格基本标志的人。他们不知道失败，因为吸引他们的不是目标，而是行动的主动和乐趣；他们投身于行动，不是因为他们考虑过行动的后果，只是因为他们忍不住。虽然并不是完全不受成功的影响，但热情的人既不会受到成功的刺激，也不会因为没有获得成功而感到挫败。他是世间最后一个失败的人。生活比我们想象的更加平庸和零碎——这不正是我们衰落、失去活力、内在节奏僵化、生命之流逐渐变慢的原因吗？这种衰弱的过程破坏了我们的接受能力，还有我们慷慨而热情地拥抱生活的意愿。只有热情的人才能将自己的活力保留到老；所有其他人，如果不是像大多数人一样虽生犹死，就是早早夭亡。真正热情的人多么少有！我们能否想象一个人人都爱一切的世界，一个充满热情之人的世界？这样的画面简直比天堂的画面还要诱人，因为它远比伊甸园丰美得多。热情者不断焕发新生的能力，使他超越了生活中的恶魔般的诱惑、对虚无的恐惧和痛苦的煎熬。他的生命没有悲剧的维度，因为热情是唯一对死亡完全绝缘的生命形式。就连优雅——它与热情如此相似——也不像热情这样，如此缺少对死亡非理性的无知。优雅充满了忧郁的魅力；热情则不然。我对热情之人的巨大钦佩，源于我无法理解，在一个死亡、虚无、悲伤和绝望相伴的世界里，怎么会有这样的人。看到那些从不绝望的人，不由让人感到奇怪。热情的人怎么可能对成功无动于衷？他怎么能只凭过度的热情而行动？在热情中，爱采取了什么样的奇怪而矛盾的形式？爱越是强烈，它就越是个体化。真正处于热恋的男人不可能同时爱上好几个女人：爱越是炽烈，其对象就越重要。让我们想象一下，一场没有对象的热恋，一个男人没有可以让他将爱集于一身的女人：这样的爱除了是分量十足的爱，还能是什么呢？是否有一些人拥有巨大的恋爱潜力，但从未以这种原始、原本的方式去爱？热情就是具有不确定对象的爱。热情的爱不是将自身指向他人，而是在慷慨的行动中挥霍自己，它有一种广博的接受能力。

热情是爱神的一个出众的孩子。在爱的所有形式当中，热情是最与性爱无涉的，在这方面远超神秘的爱，因为神秘的爱无法摆脱其性爱象征。因此，热情得以免于焦虑，正是这种焦虑，使得性爱在人类悲剧中扮演了重要的角色。热情的人首先是一个没有问题的人。他理解许多事，却不知道成问题者痛苦的疑虑和混乱的敏感。后者不能解决任何问题，因为没有什么能让他满意。你在他身上既找不到热情之人的放弃天赋，也找不到他纯真的非理性，更找不到爱在最纯粹状态下的迷人悖论。《圣经》中关于知识是罪恶的神话，是有史以来最深刻的神话。热情之人兴高采烈，是因为他没意识到知识的悲剧性。为什么不能说呢？真正的知识是最沉郁的黑暗。我很愿意用这个世界上所有令人痛心的问题，换取甜蜜的、没有自我意识的纯真。精神并不会使人升华；它会将你撕碎。在热情中，就像在优雅和魔法中，精神并不反对生命。幸福的秘密就在于守住原有的那种令人费解的统一，不加分裂。如果你是一个热情的人，那你就不会知道二元性这种毒药。生命通常通过吉凶难料的斗争的紧张与对立，来保持其丰饶与多产。热情克服了这种状态，接纳了没有悲剧的生活和没有性爱的爱情。

光明与黑暗

最能说明所有哲学体系和历史体系谬误的，就是对东方宗教和神秘宗教中光与暗二元论的错误解释。有人声称，人们在注意到有规律的昼夜交替之后，将白昼等同于生命，将黑夜等同于神秘和死亡，将光明与黑暗提升到了形而上的原理这一等级。这一解释是自然而然的，但就像所有外部解释一样，是不充分的。光明和黑暗的问题与狂喜的问题有关。它们的二元论只有对先后被光明与黑暗的力量征服过的人来说，才有解释的价值，他既知道其中的痴迷，也知道其中的束缚。狂喜用诡异的舞蹈将阴影和火花融合在一起；它在神秘的朦胧中编织着发出短暂微光的戏剧性幻象，在彻底的黑暗中玩弄着各种幽微的光亮。但这场华丽的展示并不像它吸引你并让你着迷这一基本的事实那么重要。最后的感觉是狂喜到极点，在这份感觉中，你觉得自己就要因为光与暗的一切而死去。尤为奇怪的是，狂喜抹消了周围的物体、世界为人熟知的形式，最后只剩一个由光与影组成的巨大投影。很难解释这种选择和净化是如何发生的，为什么这些无形无质的影子对我们有这么大的影响力。恶魔主义是任何狂喜的升华中固有的成分。当世界在狂喜中仅剩下光明与黑暗时，我们怎能不为它们赋予一种绝对的特性？在所有的时代，东方宗教和其他形式的神秘主义中，都会频繁地出现狂喜，这证明我们的假设是对的。绝对的事物在人自身的内部，而不是外部，而狂喜，这种内在性的爆发，只揭示出内在的阴影和微光。随即，光明与白昼的魅力迅速消退。狂喜对本质的参与达到这样的程度：它给人一种形而上的幻觉似的印象。借由狂喜把握住的纯粹本质是无形的，但它们的无形性会导致眩晕和执念，除非将它们转化为形而上的原理，否则你无法从中解脱。

放弃

你目睹了衰老、痛苦和死亡，告诉自己快乐是一种幻觉，追求快乐的人不明白诸行无常。然后你避开了世界，认为没有什么会长久存在。"我不会再回来了，"你宣称，"在我摆脱生老病死之前。"每一场放弃都有很多骄傲和痛苦。你没有谨慎地撤退，没有大张旗鼓地造反和仇恨，而是断然而傲慢地谴责他人的无知和痴心妄想；你谴责他们的享乐。苦行者放弃生活，逃入沙漠，他们坚信自己已经克服了所有人类的弱点。他们相信自己可以获得主观的永恒，这让他们产生了完全解放的幻觉。尽管如此，他们对快乐的谴责和对人性的蔑视，暴露了他们没有能力真正解放自己。假如我退避到最可怕的沙漠，放弃一切，生活在绝对的孤独中，我还是做梦都不会想到去鄙视人们和他们的享乐。既然我不能通过放弃和孤独真正进入永恒，既然我终将像别人一样死去，那我为什么还要鄙视他们，为什么要说我的道路才是唯一真实的道路？所有伟大的先知都缺乏谨慎和人性化的体谅。我目睹了生老病死，我知道它们是无法克服的；但我为什么要用我的知识破坏别人的享受？痛苦及其无可避免的认识会导致放弃；然而没有什么能促使我——哪怕我成为麻风病人，也不会——去谴责别人的快乐。在每一次谴责行为中，都有很大的嫉妒成分。佛教和基督教就是那些受苦之人的报复和怨恨。

如果我处于剧烈的痛苦中，我仍然会赞美和庆祝狂欢。我不建议放弃，因为只有少数人能克服生命无常的念头。在社会中，就像在荒野中一样，无常会保留其苦涩的味道。不妨想想，伟大的孤独者的幻想要比那些天真无邪者的幻想大得多！

放弃的想法是如此苦涩，很难想象人们是怎么想到它的。在绝望的时刻，谁没有体验过寒冷的颤抖，没有体验过不可避免的自暴自弃、宇宙的死亡和个体的虚无这些感觉，他就没有体验过放弃的可怕前奏。

放弃？但如何放弃？你应该去哪儿，才能不突然一刀两断地放弃，尽管只有这样才是真正的放弃？在我们的陆地和气候中，真实的沙漠是不容易找到的；我们缺乏适当的环境。不生活在沙漠的烈日下，一心只想着永恒，难道我们要成为头上有屋顶的圣徒吗？"若不自杀，就无法放弃"，这是一出完全现代的戏。假如我们内心的荒漠变成现实，它的广袤难道不会将我们压垮吗？

为什么不爆炸呢？难道我身上没有足够的能量来撼动世界，没有足够的疯狂来消灭光明？难道混乱不是我唯一的乐趣？而导致我垮掉的锐气不是我唯一的乐趣吗？我的飞行不就是我的坠落，我的爆炸不就是我的爱吗？我只能通过自我毁灭来爱吗？难道我被完全禁止，不允许我了解纯洁的状态吗？我的爱会有这么多毒素吗？我与死亡的抗争还不够久吗？爱神应该也是我的敌人？为什么当爱在我心中重生时，我变得如此恐惧，以至我准备吞下整个世界，以阻止我的爱成长？我的困境：我想在恋爱中感到失望，这样我就有更多的理由去痛苦。只有爱才会向你揭示你真正的堕落。已经直视过死亡的人还能爱吗？

他还能因爱而死吗？

失眠的祝福

正如狂喜净化掉了你身上的特殊和偶然，除了光明与黑暗什么都没留下一样，失眠也抹杀了世界的多重性和多样性，让你成为你自己的执念的猎物。那些不眠之夜，喷涌出多么怪异迷人的曲调啊！它们流动的音调让人心醉神迷，但在这旋律的涌动中，有一个遗憾的音符，使它与狂喜拉开了距离。什么样的遗憾？很难说，因为失眠是如此复杂，人们无法说清损失的是什么。又或许，损失是无限的。在清醒的夜晚，一个想法或感觉的存在是至高无上的。它会变成夜晚神秘音乐的来源。这样一来，清醒的夜里的想法就会变得足够温和，足以激起人们灵魂深处的普遍焦虑。死亡本身，尽管依然面目可憎，但在夜里获得了一种难以捉摸的透明，一种虚幻和音乐的特性。然而，这个普世的夜晚的悲伤就像东方音乐的悲伤，其中死亡的神秘性要比爱的神秘性更占优势。

论爱的质变

非理性掌管着爱的诞生。融化的感觉也是存在的，因为爱是一种亲密的交流形式，没有什么比融化的主观印象能更好地表达爱了，所有个体化的障碍都会消失。爱不是同时具有特殊性和普遍性吗？真正的交流只有通过个体才能实现。我爱一个人，但由于她是万物的象征，我也无意识地、天真地分担了万物的本质。爱的普世性以爱的对象的特殊性为前提；个体是普世性的一个窗口。爱的升华产生于爱的非理性增长到强度的极限。所有的真爱都是一座高峰，性爱无法使之相形见绌。

性爱也有其独特的高峰。尽管人们无法

想象没有性爱的爱情，但我们称为爱情的奇怪现象，将性爱从我们的意识中心取而代之。经过过度的净化，爱人获得了超验和亲密的光环，它让性行为变得边缘化，如果不是在事实上，至少也是在主观上。两性之间没有精神之爱，只有肉体的转变，通过这种转变，她与她的爱人高度认同，让她创造出一种精神之爱的幻觉。只有到这时，才会出现融化的感觉：肉体在终极的痉挛中颤抖，不再抵抗，被内心的火焰燃烧、融化，流淌着，就像势不可挡的岩浆。

人，失眠的动物

睡眠等同于希望，说这话的人对睡眠和失眠的可怕重要性，有着敏锐的直觉！失眠极为重要，我很想把人定义成睡不着觉的动物。既然定义成其他动物也同样合理，为什么还要说人是理性的动物呢？在全部造物中，没有另一种动物想睡觉却睡不着。睡眠就是遗忘：生活的戏剧、它的错综复杂和种种执念全然消失。每次醒来都是一个新的开始，一个新的希望。生活就这样保持着一种令人愉悦的间断性、永久重生的幻觉。另一方面，失眠产生了一种不可逆转的悲伤、绝望和痛苦的感觉。健康的人——动物——只对失眠略有涉及：

他对那些为了片刻昏睡不惜放弃王国的人，那些看到床就像看到受刑架一样恐惧的人一无所知。失眠和绝望之间有着密切的联系。继丧失睡眠之后，丧失希望也会随之而来。天堂和地狱的区别就是：在天堂里，总是可以睡觉，在地狱里则始终不行。上帝惩罚人类的方式就是剥夺睡眠，给他知识。剥夺睡眠不是监狱里实行的最残酷的刑罚之一吗？疯子们经常遭受失眠的折磨；因此他们才会抑郁，厌恶生活，有自杀的冲动。潜入深渊的感觉是典型的清醒幻觉，这难道不是疯狂的一种类型吗？那些从桥上投河或从高高的屋顶坠落到人行道上自杀的人，准是被一种盲目的坠落欲望和深渊令人目眩的吸引力所驱使。

我的灵魂就是混乱，它怎么可能存在呢？在我心中有着一切：只要寻找，你就能找到。我是世界之初的化石：并非所有的元素都已彻底结晶，初始的混乱从中依然可见。我是绝对的矛盾，是对立的高潮，是张力最后的极限；在我身上，一切皆有可能，因为我是会在至高的时刻，在绝对的虚无面前，发笑的人。

真理，怎样的字眼！

通过遏制欲望而获得解放的想法，是人类的头脑想出来的最大的愚蠢行径。为什么要把生命变得狭小？为什么要为了完全无动于衷和自由的幻觉这样的小利就把它毁掉？在你亲手将生命扼杀之后，你怎么还敢谈论生命如何如何？比起冷酷而骄傲的哲学家，我更尊敬欲望受挫、在爱情中感到不幸和绝望的人。一个充满哲学家的世界，该有多么可怕的前景！应该将他们悉数消灭，这样生活才能自然而然地——盲目而非理性地继续下去。

我讨厌这些不为真理所动的人的智慧，他们不用自己的神经和血肉去承受痛苦。我只喜欢重要的、有机的真理，即我们焦虑的产物。那些秉持着活生生的思想的人总是对的；没有任何论据可以反对他们。即使有，也不持久。我不明白，怎么还会有寻找真理的人？难道明智的人还不明白，真理是不可能存在的吗？

火焰的美

　　火焰的美在于其奇异的变幻，超越了所有的比例与和谐。它们那透明的闪耀同时象征着优雅和悲剧、纯真和绝望、悲伤和快感。它们那灼烧的透明，有着伟大净化的轻盈。我希望那炽热的超验能将我抱起，扔进火海，在那里，被它们细腻而诱人的舌头烧灼，我会欣喜若狂地死去。火焰的美营造出一种像曙光一样纯洁而崇高的死亡幻觉。无形无质，在火焰中死去，就像轻盈而优雅的翅膀在燃烧。只有蝴蝶在火焰中死亡吗？那些被他们体内的火焰吞噬的人呢？

智慧的匮乏

我讨厌聪明人，因为他们懒惰、懦弱、谨慎。比起哲学家的泰然自若——这让他们对欢愉和痛苦都漠不关心——我更偏爱将人攫住的激情。圣贤既不知道激情的悲剧，也不知道对死亡的恐惧，更不知道冒险和热情，也不知道野蛮、怪诞或崇高的英雄主义。他用谚语说话并给出忠告。他不生活、不感受、不渴望、不等待任何事物。他平息了生活中所有的不协调，然后将结果承受下来。饱受无穷焦虑折磨的人，则要复杂得多。智者的生活是空虚而贫瘠的，因为它没有矛盾和绝望。充满不可调和的矛盾的存在，则要丰富和饶有创意得多。智者的听天由命源于内心的虚无，而非内心的火焰。我宁愿死于火焰，也不愿死于虚无。

回归混沌

让我们回归原始的混沌！让我们想象原始的混乱，原始的旋涡！让我们把自己扔进习俗形成之前的旋风。让我们的存在在火热的深渊中因努力和疯狂而颤抖！让一切都被抹去，以便我们在混乱和失衡的包围中，全面参与到普遍的谵妄中，沿着旧路，从秩序回到混沌，从形式回到旋涡。世界的解体是反向的创世：是颠倒的启示录，但出于相似的冲动。在第一次体验到启示录般的眩晕之前，没有人愿意回归混沌。

一想到被卷入初始混沌的旋涡，那充满似是而非的对称的大混乱——混沌那独特的几何形状，没有任何形式感——我就感到极大的恐惧和喜悦!

在每一股旋风中，都隐藏着潜在的形式，就像在混沌中存在着潜在的秩序。让我拥有无数尚未实现的、潜在的形式吧! 让一切事物在我身上以一种振动的方式来实现。让一切带着宇宙起源时的焦虑，在我心中震颤，它们刚从虚无中苏醒!

我只能生活在这个世界的开端或结局。

讽刺与自嘲

一旦你否定了一切，彻底抛弃了各种形式的存在，一旦在你的消极道路上，没有任何东西可以留存，那么除了你自己，你还能再找谁去欢笑或哭泣呢？一旦你目睹了整个世界的沉沦，那么除了你自己，就再也没有什么可以让你沉沦了。讽刺的无限性抵消了生命的所有内容。我说的不是源自肤浅的骄傲和优越感的那种优美、高雅的讽刺——有人用这种讽刺，来炫耀他们超然物外——而是那种绝望的、悲惨而苦涩的讽刺。真正的讽刺换来的是眼泪、抽搐，甚至是怪诞而可耻的笑。受难者的讽刺与懒惰、肤浅之人的讽刺是有很大区别的。前者是一种常年无法纯真地生活的迹象，与丧失活力的感受有关，而后者对这种无可挽回的损失一无所知，在意识中也没有反映出来。讽刺暴露出了内心的动荡不宁，皱纹的加深，缺乏自发的爱，缺乏人性化的交流和理解。它是一种含蓄的蔑视，它鄙视纯真、自发的姿态，因为它超越了非理性和纯真。尽管如此，这种讽刺却对纯真的人羡慕不已。这个冷嘲热讽的人极度自负，因此不能公开表达自己对心思单纯者的欣赏，他心怀妒意和恶意，畏缩不前。在我看来，这种痛苦而悲惨的讽刺，要比轻松而怀疑的讽刺更真实。自嘲总是悲剧和痛苦的，这一事实很能说明问题。自嘲是由叹息，而不是微笑组成的，尽管它的叹息是被压抑着的。

自嘲是一种绝望的表达。你已经输掉了世界；你已经迷失了自我。从此以后，你每走一步，你的行动都会被一阵阴险而恶毒的笑声纠缠，在微笑的纯真留下的废墟上，会冒出一个面带痛苦笑容的丑陋幽灵，那副笑容比原始面具的笑容更扭曲，比埃及雕像的笑容更僵硬。

论贫穷

在确信贫穷是人类的命运之后，我再也不相信任何改革理论了。所有这些理论都是同样愚蠢而徒劳的。在动物中没有贫穷，因为它们靠自己生活，对等级制和剥削一无所知。贫穷这种现象是人类所特有的，因为只有人类才会把跟他平等的人变成奴隶。只有人才能如此自我鄙视。

这个世界上所有慷慨的尝试，都只能让贫穷得到较大的缓解；它们表明，贫穷比完全置之不理还要可怕和难以理解。贫穷就像废墟一样，它能伤人，是因为缺乏人性，它让人为此感到遗憾——人们不愿改变他们有能力改变的东西。你清楚地知道，人们可以废除贫穷，但你还是意识到它的永恒性，你感到一种苦涩的焦虑，在这种焦虑中，人呈现出所有琐碎的矛盾。社会生活中的贫穷只是人内心无限贫穷的苍白反映。每当我想到贫穷，我就不想再活下去了。我应该丢掉我的笔，搬到贫民窟去，在那儿，我可以更出色、更有效地缓解贫困，这比写一本有毒的书要好。每当我想到人可怜的贫穷，他的腐烂，他的蔓延的坏疽，我就被致命的绝望所笼罩。与其构建理论和意识形态来解决贫困问题，人这个理性的动物，应该直接把他背上的外套脱下来，以示兄弟般的理解。在这个世界上，贫穷比任何别的东西更能让人妥协，它无疑会让人这种妄自尊大的动物垮掉。在贫穷面前，我甚至为音乐感到羞愧。社会生活的本质就是不公。那人们应该怎样支持任何一种社会或政治学说呢？

贫穷会毁掉生命中的一切；它让生命变得可怕而又恶心。除了贵族式的苍白，还有贫穷式的苍白：前者是高雅的结果，后者是木乃伊化的结果，因为贫穷会把人变成鬼，把生活变成阴影，变成宇宙级大屠杀的幸存者那样衰败的生物。贫穷的爆发并没有净化的特征；全都是憎恨、苦涩和肉体的邪恶。贫穷不会像疾病那样，产生一个纯洁的、天使般的灵魂或无瑕的谦卑；它的谦卑是有毒、邪恶和渴望复仇的。

在不公正面前，不可能有程度相当的反叛，只会有永恒的反叛，因为人类的贫穷是永恒的。

逃离十字架

我不喜欢预言家，就像我不喜欢从未怀疑过自己使命的狂热分子一样。我衡量先知的价值是看他们怀疑的能力，看他们清醒时刻的频率。怀疑使他们成为真正的人，但他们的怀疑比普通人的怀疑更为动人。他们身上的其他东西，无非是绝对主义、布道、道德训诫。他们想要教导别人，给别人带来救赎，向别人展示真理，改变别人的命运，就好像他们的真理比别人的更好。只有怀疑才能把先知和疯子区分开来。但他们现在怀疑不是太晚了吗？那个认为自己是上帝之子的人，只是在最后一刻，方才起疑。基督真正起疑的时候，不是在山上，而是在十字架上。

我深信，耶稣在十字架上，羡慕起了无名之辈的命运，假如他能够，他会退到世界上最不起眼的角落，在那里，没有人会向他乞求希望或救赎。我可以想象他与罗马士兵单独在一起，恳求他们把他从十字架上放下来，拔掉钉子，让他逃到人类受苦的回音传达不到的地方。不是因为他突然不再相信他的使命——他太开明了，不可能是怀疑论者——而是因为，为别人死去，比自己死去更难承受。耶稣被钉在十字架上，因为他知道，他的思想只有通过他自己的牺牲，才能取得胜利。

人们说：为了让我们相信你，你必须放弃你的一切，也放弃你自己。他们想用你的死亡，作为你的信仰真实性的保证。为什么他们欣赏用血书写的作品？因为这样的作品无须让他们承受任何痛苦，同时又保留了痛苦的幻象。他们想看到你字里行间的血和泪。群众的欣赏是虐待狂式的。

假如耶稣没有死在十字架上，基督教就不会取得胜利。凡人怀疑一切，除了死亡。

基督的死对他们来说，是基督教信条有效性的终极证明。耶稣原本可以轻而易举地逃过十字架之刑，也可以向魔鬼屈服！没有与魔鬼达成协议的人不应该活着，因为魔鬼比上帝更象征着生命。如果说我有什么遗憾的话，那就是魔鬼很少诱惑我……但话又说回来，上帝也没有爱我。基督徒还不明白，上帝与他们的距离，比他们与上帝的距离更远。我完全可以想象，上帝对那些只知道乞求的人感到厌烦，对其造物之琐碎感到气恼，对天堂和大地同样感到厌恶。我看到他飞向虚无，就像耶稣从十字架上逃走一样……假如罗马士兵听从了耶稣的恳求，把他从十字架上放下来，让他逃走，会发生什么？他肯定不会到世界的其他地方去传教，只会孤独地死去，没有人群为他一掬同情之泪。即使假设，他出于骄傲，没有乞求自由，我也很难相信，这个想法不曾困扰过他。他一定是真的相信，自己是上帝之子。尽管他相信，但在做出至高牺牲的那一刻，他不可能不怀疑，不可能不被死亡的恐惧所笼罩。在十字架上，耶稣也有过这样的时刻：假如他不怀疑自己是上帝之子，他也会为这一身份感到后悔。他别出心裁地接受了死亡，好让他的思想能够取得胜利。

很可能，耶稣比我想象的还要单纯，他的怀疑和遗憾都比较少，因为他只在死去的时候，才怀疑自己的神性。而我们则有很多疑虑和遗憾，我们中没有一个人敢梦想自己是神子。我恨耶稣，因为他的布道、他的道德、他的思想和他的信仰。我爱他，因为他有过怀疑和后悔的时刻，这是他一生中唯一真正悲惨的时刻，虽然既不是最有趣的，也不是最痛苦的，因为假如我们只能从他们承受的痛苦来判断的话，那么在他之前，有多少人也有资格自称是神的儿子！

对无限的崇拜

谈到无限，我不可能不体验到一种外在和内在的双重眩晕——就好像突然放弃了一种秩序井然的存在，将自己扔进一股旋风，开始以思想的速度穿越空间。我的轨迹趋向一个永恒的、不可触及的点。这个点越是向无法想象的远处移动，旋风那令人眩晕的回旋就越快。它们既不明亮也不优雅，有着宇宙火焰般的复杂模式。世界在摇晃和颤抖，以极其疯狂的速度旋转，仿佛世界末日即将来临。如果不经历这种奇怪的末日眩晕感，就无法掌握无限的意义。这就是无限的悖论：它使末日的感觉更加真实，同时也使之变得越来越不可能，因为无限，无论是在时间上还是空间上，都会通向虚无。当我们身后有一个任何事都没完成的永恒时，我们怎么能在未来完成任何事情？假如这个世界有任何意义的话，那它现在就已经被披露给我们了，我们就会知道。当它还没有被揭示的时候，我怎么能继续相信，它会在未来被揭示？但这个世界没有意义；它从骨子里就是不合理的，而且是无限的。意义只有在有限的世界里才是可以想象的，在那里，人们可以触及一些东西，在那里，有一些限制能阻止我们的倒退，有明确的参考点，在那里，历史朝着进步理论所设想的目标前进。无限通向虚无，因为它完全是暂时的。与无限相比，"一切"太微不足道了。没有人能在没有眩晕感的情况下体验到无限，那种眩晕感是一种深刻而令人难忘的焦虑。当所有东西都同样是无限的时候，人们怎能不焦虑呢？

无限使得任何解决意义问题的方法，都变得不可能成立。想到世界因为无限而缺乏意义，我就感到恶魔般的快乐。毕竟，"意义"

有什么用？没有它我们就不能生活吗？普世的无意义让人欣喜若狂地沉醉其中，这是一场非理性的狂欢。既然世界没有意义，那就让我们活下去吧！没有明确的目标和可以企及的理想，让我们投身于无限的咆哮旋风中，沿着它在空间中的曲折路径，在它的火焰中燃烧，热爱它的宇宙级疯狂和彻底的无政府状态吧！要掌握无限的意义，人必须在自己心中，留有这种宇宙级无政府状态的萌芽。生活在无限中，以及长时间地冥想它，是一个人能学到的最可怕的无政府主义和反叛课程。无限撼动了你的根基，使你陷入混乱，但它也让你忘记了琐碎、偶然和微不足道的东西。

　　十分幸运的是，在失去所有的希望之后，我们仍然可以跃入无限，潜入无边无际，参与到它的旋风的宇宙级无政府状态中去！被这不断运动的疯狂所席卷，对我们的死亡考虑得比对我们的疯狂更少，实现无限野蛮和无限升华的梦想，这是多么幸福的事啊！让我们从这股旋风中坠落并不意味着逐渐消亡，而是在原始旋涡的混乱中维持着我们的痛苦。让无限的悲怆和戏剧性在死亡的孤独中再次来到我们身边，这样，我们遁入虚无的消逝就会像一道光芒，凸显出这个世界的神秘和无意义。

无限的要素之一，就是它对形式的否定。无限在绝对化之后，摧毁了任何成型、结晶或完结的东西。音乐不是最能表达无限性的艺术吗？因为它把所有形式都溶解在一种迷人的无可言喻的流动性里。形式总是倾向于完善零散的事物，通过将其内容个体化，来消除普遍和无限的视角；因此，它的存在只是为了把生命的成分从混乱和无政府状态中移除。形式是虚幻的，在它们的短暂易逝之外，真正的现实作为一股强烈的脉动显现出来。对形式的爱好来自对有限性的爱，来自边界的诱惑，而边界永远不会产生形而上的启示。形而上学，就像音乐一样，源于对无限的体验。它们都在巅峰滋长，并引发眩晕。

我一直在想，为什么在这些领域创作出杰作的人，没有全部疯掉。音乐比其他任何艺术更需要集中精力，人们很容易在完成创作之后，失去理智。所有伟大的作曲家都应该在其创作能力达到巅峰时，要么自杀，要么发疯。难道不是所有向往无限的人都走在通向疯狂的路上吗？正常、不正常，这些概念不再有任何意义。让我们生活在无限的狂喜中，让我们爱那无边无际的东西，让我们摧毁形式，建立起唯一没有形式的崇拜：对无限的崇拜。

对平庸的改观

　　既然我不会马上死去，也不会恢复我的纯真，那么每天重复老一套的活动，就是纯粹的疯狂了。必须不惜一切代价地克服平庸，必须为改观扫清道路。看到人们忽视自己，无视自己的命运，而不重新点燃他们内心的光芒，要么就是沉醉于他们深不见底的黑暗，这是多么可悲！为什么不从承受平庸的种种后果中挣脱出来？为什么不留心一副笑容，直到我们一直追溯到它的重要源泉？我们都有手，但没有人想到用它们微妙的动作，来传递绝对的情感表达。我们欣赏绘画中的手，我们喜欢谈论它们的意义，但如果它们必须表达我们自己内心的悲剧，它们就始终僵硬和笨拙了。要有一只幽灵般的手，像无形的映像一样透明，像最后的痉挛一样紧张……或者有一只沉重、透着威胁、残酷、坚硬的手！手应该比言语或叹息、微笑或祈祷，向我们透露更多的事。如果不仅是我们的手，还有我们的脸和其他带有我们个性印记的一切都参与其中，那么绝对表达的天赋，这一持续改观的产物，会把我们变成光明的中心，比太阳还要强大。有些人的存在对其他人来说，意味着过度的兴奋、倦怠或启迪。这样的人既不知道空虚，也不知道中断，只知道一种交流，通过这种交流，巅峰变得同样令人愉悦和眩晕。

我感觉到自己心中有一股奇怪的不安，像遗憾一样滋生并扩张，像悲伤一样扎根。这是对我不无问题的未来的恐惧，还是对我自身的焦虑的恐惧？我被对自己死亡的焦虑所征服。我可以带着这些执念继续生活下去吗？这一切是生活，还是一个荒谬的梦？我心中萌生出一个妖异的怪诞幻想。这个世界的恶魔特性集中在我的焦虑中——它是遗憾、黄昏的梦、悲伤和虚幻组成的混合体。我撒在大地上的不会是花香，而是大灾变之后的烟尘！

悲伤的负担

　　除了对于死亡的悲伤，还有别的悲伤吗？肯定没有，因为真正的悲伤是黑色的，没有魅力，也没有梦。悲伤中的疲惫感比忧郁中的更重，它会让人厌恶生命，陷入急性抑郁。悲伤和痛苦的区别是：前者由反射性主导，后者被感觉致命的实质性所拖累。它们都只通向死亡，从不通向爱或情欲的升华。情欲意味着无中介地生活在生命隐秘的必需品中——鉴于任何情欲体验本质的纯真性——由此营造出自由的幻觉。另一方面，悲伤或痛苦意味着无法直接和有机地参与生命的流动。悲伤和痛苦为我们揭示出存在，因为只有通过它们，我们才能获得我们与客观世界相互分离的意识，这种焦虑为我们的存在赋予了悲剧的特征。

因工作而堕落

通常，人们为了成为自己而工作得太多。工作就像一个诅咒，人们已经把它变成了快乐。为工作本身而工作，享受没有结果的努力，想象着你可以通过辛勤劳动来实现自我——所有这些都是令人作呕和不可理解的。持久而不间断的工作让人变得迟钝、琐碎、失去个性。工作将人的兴趣中心从主观领域转移到客观领域——事物上来。结果就是，人不再对自己的命运感兴趣，而是专注于事实和事物。本应是进行永久改造的活动，变成了一种外化的手段，放弃内在自我的手段。在现代世界，工作意味着一种纯粹的外在活动；人不再通过它来成就自己，而是成就事物。我们每个人都必须有一份职业，必须进入某种可能并不适合我们的生活方式，工作使精神变迟钝的倾向正是由此而来。人以为工作有益于他的生存，但他的热忱揭示了他对恶的偏爱。在工作中，人忘记了自己；但他的遗忘并不是单纯和天真的，而是与愚蠢相近。通过工作，人从主体变成了客体；换言之，他已经变成了背叛自己出身的、有缺陷的动物。人没有为自己而活——不是自私自利，而是获得精神上的成长——而是成为外部现实可悲而无能的奴隶。这些都到哪儿去了：狂喜、幻觉、升华？极致的疯狂或真正的邪恶乐趣在哪儿？人们从工作中找到的那种消极的乐趣，与日常生活的贫乏、平庸、琐碎有关。为什么不放弃这种徒劳的工作，重新开始，不再重复同样白费工夫的错误？是不是对永恒的主观意识还不够充分？工作的狂热行动和惶恐不安，毁掉了我们内心对永恒的感觉。工作是对永恒的否定。我们在世俗领域获得的物质越多，我们外部的工作就越是紧张，永恒就越是难以接近，越发遥远。因此，活跃而精力充沛的人，视野是有限的，思想和行为是平庸的。我并不是拿工作与消极的沉思或模糊的梦境做对比，而是与无法实现的转变做对比；尽管如此，我更喜欢明智而善于观察的懒惰，胜过让人不堪忍受的、可怕的活动。为了唤醒现代世界，人们必须赞美懒惰。懒惰的人对形而上的现实，有着比活跃的人更敏锐的感知力。

我被遥远的距离所吸引，它是我投射到世间的浩瀚虚空。一种空虚的感觉在我心中滋长；它就像一种轻盈、无形的液体渗入了我的身体。在它的发展过程中，就像膨胀到无限大一样，我察觉到有史以来人类灵魂中最矛盾的感觉的神秘存在。我同时既幸福又不幸，既兴奋又沮丧，在最矛盾的和谐中被欢愉和绝望所征服。我是如此欢欣，却又如此悲伤，我的眼泪同时映照出天空和大地。哪怕只是为了我的悲伤这桩乐事，我希望这世间没有死亡。

终结的感觉

　　我只能谈谈终结的喜与悲。我只爱那些毫无保留、毫无妥协地展现自身的东西；你永远也不会在别处，只会在令人心碎的悲伤的爆发中，在最后时刻的沉醉和兴奋中找到它。一切不都是结局吗？假如不是我们对最后的悲伤抱有的倒错的快乐，不是我们对虚无之恒久和存在之短暂抱有的高贵的爱，那对虚无的焦虑是什么呢？难道对我们来说，真的是存在意味着流放，而虚无意味着回家？

　　我必须与自己斗争，对我的命运大发雷霆，炸毁所有妨碍我转变的障碍；让我的欲望只有光明和黑暗吧！让我的每一个行动要么胜利，要么倒下，要么逃走，要么失败！让生命以闪电般的速度在我体内生长和消亡！不要让平庸生活的琐碎和理性，破坏我内在混乱的欢愉和折磨，破坏我最终的绝望与欢乐这一悲剧的愉悦！

从极度有机的紧张时刻幸存下来，不是什么优点，而是低能的标志。幸存下来，只是为了回到存在的平庸之中？在虚无的体验过后，在性快感的爆发之后，幸存同样毫无意义。我不明白人们为什么不在高潮时自杀，为什么他们不认为幸存下来是平凡和庸俗的。如此强烈但短暂的颤抖，应该在几秒钟之内，就将我们化为灰烬。但既然它没有杀死我们，我们就应该自杀……死亡有那么多种。但没有人有那份勇气或创意，去尝试性爱自杀，这种死亡的绝对性并不亚于其他死亡，但在这种死亡里，进入虚无的通路是由快乐的巅峰构成的。为什么不走这条路呢？在忘却性爱欢愉的过程中，痛苦地清醒过来的那一瞬间，就足以使性爱死亡不再像是单纯的幻觉。

当人们不能再忍受平凡生活的单调和平

庸时，他们将在每一次绝对体验中找到自杀的机会。无法在这种非同寻常的升华状态下生存，终将摧毁存在。到了那时，不再有人会怀疑，在聆听过某些交响乐或欣赏过独特的风景之后，人有可能会渴望死去。

作为被驱逐出生活的动物，人的状况是悲剧性的，因为他再也无法从生活的简单价值中找到满足感。对动物来说，生命就是一切；对人来说，生命是一个问号，一个无法逆转的问号，因为人从未找到，也不会找到任何答案。生命不但没有意义，而且永远不可能有意义。

恶魔般的受苦原则

倘若世上有幸福的人，为什么他们不出来欢呼，在街头宣扬他们的幸福？为什么如此谨慎和克制？如果我洋溢着长久的快乐、宁静和满足，我是不会把它埋藏在心里的，我会慷慨地与人分享。我会任由自己被赋予我活力的那股轻快的能量席卷。

如果有幸福，那必须把它分享和交流出去。但也许真正幸福的人并未意识到他们的幸福。那我们可以把我们的意识借给他们一些，把他们无限的无意识换取一部分过来。为什么受苦尽是泪水和尖叫，而快乐尽是颤抖？如果人留意自己的快乐，也能像留意自己的痛苦一样，那他就不必再赎回前者了。

那样这个世界上快乐和悲伤的分配不就更公平了吗？

　　如果痛苦不容易忘却，那正是因为它在意识中占据着重要的地位。只有吃过很多苦的人，才是必须忘记很多事的人。只有常人才是没有什么可忘记的人。

　　尽管痛苦特征鲜明，但快乐却会消失，会像轮廓模糊不清的形状一样融化掉。人很难记住快乐和它的背景，对痛苦却印象深刻，对痛苦的背景的记忆，会让记忆越发深刻。快乐不可能被彻底遗忘——快乐的人在步入老年之后，只会多少有所醒悟，而受苦的人发展到最后，会落到痛苦地听天由命的地步。断言快乐是自私的，让人与生活相互隔绝，这种偏见就跟断言痛苦使我们更贴近生活的偏见一样可耻。这些偏见的轻佻让人反感。它们源自书本，这不啻是对所有图书馆的谴责，也证明了贯彻到底的真实经验才具有价值。

　　基督教的这一观念——假如苦难不是通

向爱的大门，那也是通向爱的道路——根本就是错的。但基督教的错误岂止是这一点？把苦难说成是通往爱的道路，意味着对苦难的恶魔本质一无所知。人并不是登上苦难的阶梯，而是爬下。它们并非通往天堂，而是通往地狱。苦难阶梯底部的黑暗，并不像快乐阶梯顶部的炫目光芒那样永恒或无限。

苦难使人分离和脱离；就像离心力一样，它将你拉离生命的中心、宇宙的枢纽、万物趋于统一的所在。神圣的原则通过努力实现宇宙的合一和参与万物的本质来标明自身。另一方面，恶魔的原则是一种混乱和二元性的原则，它们是所有痛苦的特征。

通过快乐，精神或感官的快乐，人纯真地参与到生命之中；无意识地加入到存在的活力之中，你身体的每一个粒子都随着整体非理性的脉动而振动。

通过痛苦与世界相分离，会导致过度的内在化，同时矛盾的是，会导致极高的意识水平，使得世界，连同其所有的辉煌和阴暗，变成外在和超验的。如此深切地与世分离，如此无可救药地孤独，我们还怎么能忘记任何事情？我们只想忘记让我们受苦的东西。然而，通过一些残酷而矛盾的转折，当我们想要记住时，记忆就会消失，当我们想要遗忘时，记忆就会永久固化在脑海中。

人通常可以分为两类：一类是世界为他们提供内在化的机会，另一类是世界对他们而言，仍然是外在和客观的。对真正的内在化而言，客观存在只是托词而已。只有这样，内在化才有意义，因为要是没有一些幻觉，客观的目的论就无法阐述和证明，而这些幻觉的主要缺陷，就是它们容易被有洞察力的眼睛发现。所有人都能看到火、风暴、爆炸或风景；但有多少人能感受到火焰、闪电、旋风或和谐？有多少人拥有内在的美，为他们的忧郁点染某种色彩？对那些麻木不仁的人来说，自然界提供给他们的，是平淡而冷酷的客观，即使他们在生命中得到了充分的享受，也错过了无数的机会。

无论我的痛苦有多深，无论我的孤独感有多重，将我与世界分隔开来的距离，除了让世界更容易接近之外，什么用也没有。尽管我无法从中找到客观的意义或超验的结局，但存在，连同其多种多样的形式，一直都是快乐与悲伤的源泉。有些时候，在我眼中，一朵花的美就足以证明宇宙的终极原理，在另一些时候，打扰天空宁静的最小块的云彩，也会让我重新燃起阴郁的悲观主义。那些过度内在化的人，在大自然最微不足道的方面，也能发现象征性的意义。

有没有可能把我毕生所见的一切，都带入我的内心？想到所有这些风景、书籍、恐怖和崇高的东西，都可以在一个人的大脑里积累起来，真让人害怕。我觉得它们已经作为实体，转移到了我的体内，而且它们沉甸甸的。有时我承受不住，宁愿忘记一切。内在化会导致内心的崩溃，因为世界穿透了你，用它霸道的重量压垮了你。那么，有人为了遗忘，不惜诉诸任何东西——从粗俗到艺术——这是否令人惊讶呢?

　　我没有任何想法,只有执念。任何人都可以有想法。想法从不会让任何人垮掉。

非直接的动物

　　所有人都有同样的缺点：他们等待着生活，因为他们没有每一瞬的勇气。为何不在每个瞬间投入足够多的激情，使之成为永恒？我们都是只有在不抱任何期望的时候，才能学会生活，因为我们并不活在活生生的当下一刻，而是活在一个模糊而遥远的未来。除了当下一刻的提示，我们不应该等待任何东西。我们应该意识不到时间地等待。在当下之外，没有救赎。但人是一种不晓得当下的存在。他是一种非直接的动物。

不可能存在的真理

我们的幸福应当从什么时候开始？从我们说服自己相信不存在真理的时候。从这以后，所有的救赎都会到来，甚至有的救赎会从虚无而来。那些不相信真理不可能存在的人，或者不为此感到高兴的人，只有一条通往救赎的道路，然而他永远也寻找不到。

主体性

对那些被剥夺了信仰的人来说，过度的主体性要么导致妄自尊大，要么导致自我贬低，要么导致过度的爱，要么导致过度的自我憎恨。无论是哪种方式，你都会将自己提前透支。

主体性让你要么成神，要么成魔。

人

人应该不再充当——或成为——理性的动物。他应该成为一个疯子，为了他危险的幻想而甘愿冒一切风险，能够高歌猛进，愿意为世界已有的一切而死，也愿意为世界所没有的一切而死。每个人的理想都应该是不再做人。这只能通过绝对的任性妄为来实现。

爱情简论

从苦难中产生的人类之爱，就像从不幸中产生的智慧。在这两种情况下，根都是腐烂的，源都是有毒的。只有流淌着真诚的慷慨和自我克制的自发的爱，才能滋养他人的灵魂。在苦难中诞生的爱，为了不让它的光芒沾染上苦涩的清醒，隐藏了太多的泪水和叹息。在这种爱里，有太多的折磨、克己和焦虑，因为它不是别的，正是无限的忍耐。你原谅一切，你接受一切，你为一切辩解。但这还是爱吗？当一个人远离了一切，他还怎能去爱呢？这种爱揭示了一个悬浮在万有与乌有之间的灵魂的空虚，正如成为唐璜式的滥情之人，是对破碎的心唯一的补救方法。

至于基督教，它并不知道爱：它只知道宽容或同情，它们是对爱的暗示，而不是爱本身。

一切都无关紧要

　　一切皆有可能，但一切皆不可能。一切都被允许，但同样，一切皆不允许。无论我们走哪条路，都不比别的路好。无论你是否有所成就，是否有信仰，都是一样的，正如不论你是发出哭号还是保持沉默，都是一样的。凡事都有解释，却又没有解释。一切都既真实又虚幻，既正常又荒谬，既辉煌又平淡。没有什么东西比其他一切更有价值，也没有什么想法比其他任何想法更好。为什么要因为一个人的伤心事而悲伤，因为一个人的快乐而喜悦？我们的眼泪是来自欢愉还是痛苦，有什么关系呢？爱你的不幸，恨你的幸福，把一切都掺在一起，混为一谈！做一片在空中飞舞的雪花，做一朵漂流而下的花！在你不必要的时候有勇气，在你必须勇敢的时候做个懦夫！谁知道呢？也许你依然是赢家！就算你输了，又真有什么关系吗？在这个世界上，有什么可以赢得的吗？所有的收获都是损失，所有的损失也是收获。为什么总是期望有明确的立场、清晰的观点、有意义的话语？我觉得对所有向我提出或没有提出的问题，我似乎都应该喷出火焰，作为回应。

恶之源

我们怎样战胜不幸？通过与自己斗争，因为不幸来自内心，而不是来自外部。如果我们能不断提醒自己，一切都只是我们意识中的反映，清晰的程度取决于我们感官的敏锐程度，那我们就能达到一种清醒的状态，在这种状态下，现实将恢复其真实的比例。我们不能矢志追求幸福，只能减少不幸。

在绝望中生活是极为坚忍的标志，而在遭遇巨大不幸之后变得迟钝和愚蠢，则是缺乏忍耐力的标志。为了减少不幸，需要自我控制和持续不断的内在努力。从另一方面来说，所有追求幸福的努力都是徒劳的。一旦你走上了不幸的道路，你就无法回头了；这是一条不归路。一个人可以从幸福变成不幸，所以在幸福时，有比在不幸时更多令人不快的意外。在我们幸福的时候，我们觉得这个世界是对的；当我们不幸的时候，我们希望世界怎么样都好，只要不是现在这个样子。虽然我们充分意识到，不幸的根源就在自己心中，但我们还是把个人的缺陷变成了形而上的缺陷。

不幸永远不会足够高尚地承认自己在世间的黑暗。我们用客观的困境代替主观的困境，希望减轻我们的负担，避免我们实际上应有的自责。但这种客观化其实加深了我们的不幸，还把它描绘成宇宙的宿命，断绝了我们将其减轻或使它更容易忍受的全部可能性。

对不幸加以约束，会减少焦虑和令人不快的意外；它能减轻痛苦，限制痛苦。它是内心戏剧的伪装，是痛苦谨慎的面具。

美的魔术

人越接近幸福，对美就越敏感。在美中，万物都能找到它们的正当理由，它们的存在理由。我们总是原原本本地构思一种美好的事物。一幅画或一片风景让我们感到愉悦，以至我们不能以任何其他方式来想象它们，而只能是它们的原貌。将世界置于美的标志之下，就是断言它理应如此。然后，一切都是光荣的和谐，即使是存在的消极方面，也只会增加它的光荣和魅力。美不会给我们带来救赎，但它会使我们更接近幸福。在一个充满二元对立的世界，美能幸免吗？美的特殊性和吸引力在于，只有从客观角度看，它才是自相矛盾的。美学表达了这种悖论：通过形式来表现绝对，为无限的事物赋予有限的形状。形式中的绝对，也就是体现在有限的表达之中，只向被审美情感征服的人展现自身；从其他任何角度看，它都是自相矛盾的。正因如此，在任何美的理想目标中，都存在着不计其数的幻象。但更糟的是，任何理想之美的基本前提——世界正是它理应具备的样子——经不起推敲探究。世界可以是任何模样，除了它现有的样子。

人的自相矛盾

人为什么执意要有所成就？倘若他们站在阳光下，平静无声地一动不动，岂不更好？有什么可成就的呢？为什么要付出这么多努力和野心？人已经忘记了沉默的意义。虽然意识是有着致命缺陷的产物，但它并非每个人都不适应的原因；相反，在一些人身上，意识造成了生命本能的加剧。由于不能活在当下，人积累了一些令他感到沉重和压抑的东西；对未来的感觉对他来说是一场灾难。意识把人分为两类，他们同样失衡和不幸：一类是倾向于内化、自我折磨和悲剧，另一类被帝国主义的冲动所掌控，一心攫取和拥有。意识使动物成为人，使人成为恶魔，但它从未使任何人成为上帝，无论这个世界对在十字架上杀人有多么自豪。

　　避开那些不受罪恶影响的人，因为他们平庸无聊，让人厌烦。如果他们张口闭口不是道德，会是什么呢？谁不曾在道德之外展开冒险，谁就没有充分探索过生活的机遇，也就没有改变他的罪过。真正的存在始于道德的终点；只有在那之后，它才能尝试一切，冒一切风险，即使有障碍阻挡了成功之路。只有通过无数次的改变，才能到达百无禁忌的领域，在那里，灵魂可以毫无悔意地投入到粗俗、崇高或怪诞之中，直到生命所有的方向或形式都得到了探索。掌管普通存在的暴政消失了，取而代之的是独特存在的绝对自主，它会批准自己的法律。道德还能为这样的人服务吗？他可能是最慷慨的人，但也可能是最荒唐的人，他能放弃整个世界，因此他可以把一切都送给别人。慷慨与道德是不相容的，道德是对习俗的合理化、对生活的机械化。任何慷慨的行为都是荒谬的，是在普通人身上闻所未闻的放弃行为，普通人给自己披上道德的外衣，以掩盖其庸俗的虚无。所有真正有道德的东西，都是在我们受够了道德之后开始的。其规则的狭隘性在其对罪恶的谴责中表现得淋漓尽致，罪恶是肉体悲剧的表现，源于精神在肉体中的存在。罪恶是肉体的悲剧，肉体冲出了自己的宿命，试图打破禁锢其激情冲动的枷锁。一种有机的疲惫感驱使神经和肉体陷入绝望，只有对所有形式的快乐加以探索，才能纾解这种绝望。在罪恶中，反常事物的吸引力产生了一种令人不安的焦虑：精神似乎变成了血液，像一种内在的力量在肉体中搅动。没有精神的参与，对可能性的探索就无从发生。罪恶是个人的胜利；如果没有外界的干预，肉体怎能代表个人？肉体和精神、血液和意识的结合，为沉迷罪恶的人创造出巨大的活力。没有什么比学来、模仿或照搬过来的罪恶更糟的了；所以，对罪恶进行合理的削减是不妥当的：最理想的情况是，人们把它的丰富性单单留给那些知道如何改造它的人，那些能够偏转其偏差的人。以犯罪和粗俗的方式实践它，是发掘了其可耻的物质性，而忽略了非物质化的战栗，这才是它的出色之处。为了达到一定的高度，亲密关系不能摒除罪恶的欲望。任何犯下罪恶的人都不应受到谴责，除非他不再把罪恶视为借口，而是把它变成了目标。

投降

人是怎么变成悲观主义者的？一种有机的宿命，从内心深处的动荡不安中升起，并未受到任何外部刺激，就导致了绵延不断的抑郁，这抑郁扼杀了活力，从根本上攻击了生命。推测悲观主义者有生理缺陷或者生命本能薄弱，这是错误的。事实上，只有那些满腔热情地热爱生活的人——尽管可能是无意识地——才会变成悲观主义者。削弱活力的过程是后来才发生的，是抑郁的结果，因为只有在热情而富有远见的人身上，抑郁才有如此巨大的侵蚀能力，它就像海浪吞噬海岸一样吞噬着生命。在弱者身上，抑郁既不会引起紧张、危机，也不会导致过度；它们会导致冷漠和缓慢的死亡。悲观主义者代表着一种有机的悖论，其无法克服的矛盾产生了一种强烈的精神沸腾。这种频繁的抑郁与同样频繁的活力结合在一起，难道不是一种悖谬的处境吗？不言而喻，抑郁会削弱和耗尽活力，因为抑郁是对生命的攻击。没有有效的方法来对抗它们：可以通过紧张的工作和娱乐，让抑郁暂时消退。只有被赋予了躁动活力的人，才容易受到悲观主义的影响。只有生命在与抑郁的斗争中屡战屡败时，你才会成为悲观主义者——一个恶魔般粗犷、野性的悲观主义者。然后，宿命作为一种无可挽回之事，出现在人的意识之中。

面对沉默

一旦你开始重视沉默，你就找到了对于边缘生活的重要表达。伟大的孤独者和宗教创始人对沉默的崇敬，其根源远比我们想象的更深。人的存在肯定令人难以忍受，他们的复杂难题也让那些除了沉默什么都不关心的人感到厌恶。

慢性疲劳容易让人喜欢上沉默，因为在沉默中，言辞失去了意义，只是用机械的锤子的空洞声响敲击着耳朵；思想随之弱化，表达失去了力度，言语变得像荒野一样贫瘠。外部的起伏就像遥远而单调的低语，无法激起兴趣或好奇。然后你会认为表达意见、表明立场、留下印象都没有用；你发出的噪声只是增加了心灵的焦虑。在疯狂挣扎着解决所有问题之后，在绝望之巅经受过苦难之后，在至高的启示时刻，你会发现，唯一的答案，唯一的真实，就是沉默。

相似之人和他的技艺

人并不学习心理学这门技艺，而是以生活和体验感悟它，因为没有什么科学能给你解开灵魂奥秘的钥匙。如果不把自己变成研究对象，不对自身情况的复杂性表现出惯常的兴趣，就不能成为一名像样的心理学者。要进入他人的奥秘，你必须首先进入自己的奥秘。要做一名心理学者，你必须足够不幸，才能理解幸福，要能随时做一个野蛮人，才能如此文雅，你还要陷入强烈的绝望，以至弄不清自己是生活在荒漠中，还是火海中。你那变化无常、向心和离心程度相当的狂喜，必须是审美的、性爱的、宗教的、反常的。

出色的心理理解能力，是自我反思的人

生的产物，这种人生能在他人的生活中看到自己，就像从许多镜子里看到自己一样；对心理学者来说，所有人都是自己的碎片。心理学学者对他人的蔑视，带有些许隐秘而不羁的自嘲。没有人出于爱而践行心理学：心理学其实是一种施虐的行径，是一种通过占有他人私密的存在，剥离他人神秘的光环，来毁灭他人的愿望。在将人和他们有限的资源迅速榨干之后，心理学者很容易感到厌倦，因为他不够天真，无法交友，自我意识又太强，无法拥有爱人。怀疑主义并不是心理学的开端，而是心理学自然而然的结局。它是大自然施予这个侵犯奥秘者的惩罚，这个极其轻率的人，在知识里投入了太少的幻想，最终以幻灭告终。

少量的知识令人愉快；大量的知识令人作呕。你知道得越多，你就越是不想知道。那些从来不曾因为知识而痛苦的人，从来都一无所知。

胡言乱语

当手表的嘀嗒声打破永恒的寂静，将你从宁静的沉思中唤醒，你怎能不对时间的荒谬、它向未来的挺进、所有关于进化和进步的胡言乱语感到愤慨？为什么要前进，为什么要活在时间之中？在这种时候对时间顿有所悟，会被赋予一种通常并不存在的压倒性优势，这种顿悟是对生命强烈鄙视，是不愿再继续下去的结果。倘若这种感悟发生在夜间，那么时间的荒谬感还会平添无可言喻的孤独滋味，因为此时，你远离人群，独自面对时间，你们两者陷入一种无可削减的二元对立之中。时间，在这种夜间的荒芜中，不再为行为和物体所占据：它变成了一个不断增长的虚无，一个不断膨胀的空洞，一场来自外部的威胁。这时，寂静就会响起哀伤的喧嚣，那是为死去的宇宙敲响的丧钟。只有将时间和存在区分开来的人，才生活在这场戏里：若是逃离后者，就会被前者压垮。他能感觉到时间是如何像死亡一样步步逼近的。

齐奥朗年表

1911	E. M. 齐奥朗于 4 月 8 日生于勒希纳里，靠近南特兰西瓦尼亚的锡比乌城，南特兰西瓦尼亚当时还是奥匈帝国的一部分。父亲是罗马尼亚的一位东正教牧师。
1920—1928	在锡比乌读高中。
1929—1931	在布加勒斯特大学研习哲学，在此撰写了研究亨利·柏格森（Henri Bergson）的论文。
1934	首部作品《在绝望之巅》获卡罗尔二世艺术与文学基金会资助，在布加勒斯特出版。荣获了该基金会奖励年轻作家的著名奖项。

1936	获得教授哲学的教师资格证。写成《欺瞒之书》(Cartea amăgirilor)。
1937	写成《罗马尼亚的变革》(Romania's Transfiguration)。获得布加勒斯特的法国研究院颁发的奖学金，前往巴黎，此后一直作为无国籍者在巴黎生活，他说这一状态"对知识分子来说再合适不过"。写成最后一本罗马尼亚语著作《眼泪与圣徒》，该书在他离开之后，在布加勒斯特面世。
1937—1949	像常驻学者一样在巴黎定居，申请资助，住廉价的旅馆，吃大学食堂。
1947	将其首部法语著作《解体概要》的书稿交付伽里玛出版社。出版社接受之后，他又取回书稿，重写了整整四遍。他说，用法语写作是"我毕生最大的难题"，感觉就像穿上了"紧身衣"。

1949　　　　　　《解体概要》出版。

1949—1990　　在巴黎低调地生活，做过翻译和审稿人的兼职，同时继续创作。他这样描述自己的生活："我没有正经谋生，只是勉强度日。我不愿享受优渥的生活。"